不能再做老好人

——从学会说『不』开始改变人生

【日】潮凪洋介 著
何鹏 译

中国出版集团
现代出版社

图字：01-2011-3350

图书在版编目（CIP）数据

不能再做老好人 /（日）潮凪洋介著；何鹏译.—北京：现代出版社，2015.11
ISBN 978-7-5143-2829-5

Ⅰ.①不… Ⅱ.①潮… ②何… Ⅲ.①心理交往－通俗读物
Ⅳ.①C912.1-49

中国版本图书馆CIP数据核字（2015）第265060号

不能再做老好人：从学会说"不"开始改变人生

作　　者　（日）潮凪洋介　著
译　　者　何　鹏
责任编辑　崔晓燕
出版发行　现代出版社
通讯地址　北京市安定门外安华里504号
邮政编码　100011
电　　话　010-64267325　64245264（传真）
电子邮箱　xiandai@vip.sina.com
印　　刷　三河市南阳印刷有限公司
开　　本　880mm × 1230mm　1/32
印　　张　5.25
版　　次　2015年11月第1版　2015年11月第1次印刷
书　　号　ISBN 978-7-5143-2829-5
定　　价　29.80元

目 录

CONTENTS

代　序

PREFACE

你还在扮演“老好人”吗？

首先，笔者想向各位读者提一个十分冒昧的问题，请问：你从小到大在学校或社会中受到过以下这样的教育吗？

“不要给别人添麻烦。”

“在别人面前要表现得恭敬有礼。”

“不要和别人发生冲突。”

对于普通人来说，以上这些当然是十分重要的“规矩”，但笔者却对此颇有异议。

想要让自己宝贵的人生过得充实、快乐，有时可以适当地逾越这些“规矩”，“走自己的路，让别人说去吧”。

笔者平常所做的主要工作是通过出版专著、在杂志和网站上开设专栏发表评论，以及在全国各地进行演讲或在电台做节目，以“恋爱”为主题与大约30万青年男女们进行交流。

由于职业的关系，有许多人主动找我咨询有关恋爱和人生的问题，而在他们之中存在着太多传统意义上的“老好人”。

那么，所谓的“老好人”是什么样的呢？简单来说，就是指被上述种种**“规矩”**束缚的人，他们的主要表现是：

虽然表面上和蔼可亲，但实际上却时刻因自己的软弱性格而不安；

为了讨好他人而“哑巴吃黄连，有苦说不出”；

善于“强颜欢笑”，但却对自己严重缺乏自信。

一旦成为了这样的“老好人”，无论是在工作上或是人生中都会失去自信，难以有所作为，生命力就此枯竭。自然，在恋爱方面也会受到极其负面的影响，难以“修成正果”。

令人遗憾的是，迄今为止，笔者见到过成百上千类似的“老好人”。

我想给这些人一个诚恳的建议，那就是：**只要能够勇敢地做回自己，脱离“老好人”的窠臼，你的事业、人生和恋情都将重归正轨。**

笔者痛感，做一个“老好人”是要以恋爱、事业、人生的损失为代价的。而减轻“老好人”们的痛苦，正是笔者写作这本书的主要原因。

本书以“不能再做‘老好人’”为题，从人生、事业、人际关系、待人接物、恋爱、玩乐等各种各样的角度对该主题进行了阐述。

笔者衷心希望各位读者在阅读拙作后，能够通过个人努力使自己的人生更为充实、更有乐趣，期待着你们勇敢地迈出自己的第一步。

潮凪洋介

Chapter 1

第一章

不再做“老好人”，人生将会彻底改变

一

跳出“老好人”的窠臼，你将真正喜欢上自己

这世上有两种类型的男人。一种是将“我已是成年人”挂在嘴边的男人；另一种则言必称“我还小呢”。第一种男人很自然地将自己划入“大叔”的群体之中，而后者则坚信自己还是“翩翩少年”。那么，你属于哪一类呢？

从表面上看，“我已是成年人”这句话显得很冠冕堂皇，其中隐含着“遵规守矩”“不惹麻烦”之类的意思，又体现着男人应有的自信与自立之感，自然会赢得身边人的好感。

但是，这样的男人会不会显得有些无趣呢？实际上，这句话脱口而出后，许多构成男人魅力的重要因素，如“热情”“幽默”“活力”“无拘无束”“敢想敢做”等，在一瞬间消失得无影无踪。

拥有与自己年龄相当的世界观与思考方式自然不赖，但如果仅仅停留在“循规蹈矩”的状态之中，或许会感觉到些许寂寞吧。

比如，不少男人一到三四十岁都会开始对高尔夫球运动感兴趣，在这一点上笔者也不能免俗。但是，工作后和同事去居酒屋喝上几杯，回家后无所事事，周末再去打上一杆高尔夫球，这样一成不变的生活方式只能令你成为“芸芸众生”中的一员。所以，虽然随大流并非什么十恶不赦的坏事，但如果“仅仅如此”的话，人生或许也太过无味了。对于这样的人，我想说的是，如果能够尝试跳出束缚，尽情追逐自己的梦想岂不更好？

其实，社会上有众多已经三四十岁但却仍然拥有无尽的梦想，努力活出“真我”的男人。这其中，有单纯为了给朋友提供一个休闲的场所，而在主业之外经营咖啡店的人；有与别人结成舞蹈队，定期表演的人；有致力于尽早实现个人的经济独立而利用业余时间经营网店的人；还有身为一座有着 1200 多年历史的寺庙的住持，但每天仍与时俱进地策划着各种新颖的活动的人……凡此种种，不胜枚举。他们无一例外都非常喜欢现在的自己，热爱着自己的人生。

所以，笔者希望大家的人生都能够尽量避免陷入“无意义”的怪圈。少年时的我们肯定这样想过，“将来的我要实现自己的梦想，决不成为一个无聊的大叔”，这样的雄心壮志不应在岁月的流转中消磨殆尽。无论从事怎样的职业，不管收入的高低，我们都可以让自己的人生成为光辉的、真正的“男人的人生”，而只有那些真正绝望的人，才不想拥有这样的人生。扪心自问，你真的完全绝望了吗？实际上，选择哪种人生就在你的一念之间。

现在，请在你的记事本、笔记簿或是随便什么纸上（可参见本书文末），写下你在青少年时曾经想要的娱乐，以及向往从事的职业。然后，选择其中的重点去尝试哪怕5分钟的时间。事实上，这些娱乐、职业的相关信息从互联网上随时能够找到，而只要你迈出这一小步，你的人生将就此从“条条框框”中解放出来，你将发现自己是一个能够实现曾经的梦想的人。而当你乐在其中之时，也就开始向“芸芸众生”之辈挥手作别了。

普通的“老好人”在精神与思想上与自己的年龄亦步亦趋，最终只会成为“大叔”群体中的一员；而“纯爷们儿”则会超越年龄的束缚，在人生之路上自得其乐，在反复的自我认同中汲取自信。

二

摒弃“小富即安”的思想，让自己今后的人生活得更加自在精彩

战后，日本曾经历过经济高速成长期，就在这段时间“对公司从一而终”成为人们对待工作和事业的普遍态度。在人们眼中，不断变换工作单位绝不是什么好的榜样。

当然，这种认识产生是有着深厚的文化背景的，日本人自古以隐忍为美德，将公司当作自己的衣食父母。

然而，时代不同了。谋求条件更为优越的工作而明智地跳槽，甚至脱离雇佣状态独立创业已成为最自然不过的事情。过去普遍不被人们接受的工作不稳定状态正在成为一种新的、时髦的工作方式。

与其在永无出头之日的公司日复一日地埋头工作打熬资历，不如果断跳槽获得独立，从而实现自己的人生价值，这种勇于挑战新的工作的男人正在逐渐成为社会的榜样。

但是仍有那么一批人在**坚定地扮演着“顽固守旧拒绝变化”的传统“老好人”的角色。他们视一成不变为宝，有着强烈的小富即安的思想**。而这种思想的存在，导致他们永远无法获得自己真正想要的生活。

这样的人一旦被自己所在的公司解雇，一定会因“人生计划被打乱”而陷入万劫不复的深渊。他们是永远不会把这种变化视为“自己的人生有了挑战新的可能性的时机，进入了全新的阶段”的。

想要避免成为这种人，最为重要的是转变思维方式，即充分认识到“属于自己的财产并不在公司，而在自己手上”，把工作重点由对公司竭尽忠诚转换到磨炼和提高个人的工作能力上来。在工作中要保持清醒的头脑，不断扪心自问：我在这个公司能够掌握哪些技能？我有着怎样的能力，能够为这个社会做出何种贡献？想要跳槽的目标公司能够带给我什么？自己最为突出的特质是什么？在下一个职业中学到什么东西对自己更为有意义？

这种不断积累的工作经验和技能最终将成为你的“独家秘制调料”，而这样的“秘制调料”是不受“器皿”的限制的，也就是说，它将助你在职场中取得成功。

而关于自己能够为社会做出什么贡献的问题，反过来看就是你想要获得怎样的回报。其实，真正的重点就在这里。想要获得正确的答案，请在一张纸上写下你多年来在职场中打拼所掌握的那些真正的工作经验（见书末），而非你曾经供职的公司的名称。而在这一条条经验中隐藏着的就是你职场之路的未来走向。所以，与其为公司竭力尽忠，不如大力提高个人的工作经验和技能，这才会真正令你的人生之路通达顺畅。

普通的“老好人”单纯把公司视为自己人生的归宿；而“纯爷们儿”则在工作中重视个人工作经验的积累与特定技能的掌握。

三

敢于“反唇相讥”，人生才会快乐

当别人充满恶意地对你说出十分无礼的话时，你会调动语言勇敢地回击对方吗？

我认为，敢于“反唇相讥”，人生才能过得痛快。因为与那些唯唯诺诺、在他人的攻击面前保持沉默的人相比，你受委屈的机会将会大大减少。而且，适时适度地回击他人的恶意指责，也会令人充满快感。当然，所谓“反唇相讥”绝不是指带有侵略意味的“主动挑衅”，而是在对方表现出无礼之极的态度时勇于自卫从而制止对方，而在现实生活中，大部分人是不敢或不能这样“反唇相讥”的。

我所说的“大部分人”，专指那些在被对方无礼指责时，只知忍气吞声，而丝毫不懂反击的人，而这些人的人生无疑会因来自外界的压力而断绝了希望。如果你是其中的一员，笔者诚心希望你能从今天起彻底告别这种“在哭泣中入眠”的日子。

那么，具体应该怎样做呢？笔者认为最好的办法是平常就在“个人的词典”中“储备”一些用于反击的语句，以备不时之需。

例如，下面的一些语句无论是公开或私下的场合都可使用。在对方不知天高地厚地对你表现出无礼、蛮横的态度时，进行迎头痛击。

针对熟悉或有过一面之交的人，你可以这样说——

“怎么着，找抽哪？”

“你小子真是不知道天高地厚呀！”

“你说话怎么跟白痴一样！”

只需一句，就可以有效地制止他人的无礼。

而在刚刚认识的人面前，我们还是要尽量保持得绅士一些。这也是为自己留后路的一种方式，若是从一开始就显得咄咄逼人，会给别人留下“十分好战”的不良印象。为了避免这种情况，可以采用以下方式让对方碰个“软钉子”——

“您觉得这么说对吗？”

“您干吗那么生气呀？”

“请注意您的身份！”

总之，**只需一句，你就会发现环绕在你周围的那些令人讨厌的家伙很快就会消失。**

你的这种回击只会有效地打击那些令人讨厌的家伙，而不会伤及无辜。我们想要获得的效果就是让那些给人带来不快的家伙自己也尝尝个中滋味，从而促其反省。

要充分认识到，**这种“反唇相讥”其实是对社会的贡献。有效地矫正无礼之人的蛮横态度，对于人际关系的正常发展善莫大焉。**

但令人失望的是，在实际生活中，绝大多数人不会用言语回击对方。他们严守着“老好人”的原则，在受到他人无礼的伤害时毫不还击，只是在其后回想起来感到郁闷悲催。当然，我并不是说这样的“老好人”有什么道德上的缺失，而是深为他们因不感或不会“反唇相讥”陷入苦闷之中而抱不平。我们不能用“和我有着一样烦恼的人肯定不少……”这样的想法麻醉自己，任何人都有回击他人无礼指责的权利，而我也深信，每一个人都希望自己每天都能够在快乐、自在的心情中安然入睡。

故此，还请大家把以上那些“反唇相讥”的言语存入头脑中的“弹药库”，以备不时之需。

请谨记，在纷争出现时普通的“老好人”只会从自己身上找原因；“纯爷们儿”则会勇于应战，痛击无礼的对方。

四

试着离开自己"感觉最好"的地方

经常喜欢光顾居酒屋的人，具有一种在无拘无束的环境中迅速与别人成为朋友的素质，这是非常好的事情。但这样的看似无忧无虑的男人却往往对到舞厅跳舞或是在那些新开的潮流美食店品尝美食持有一种反感的态度，他们常常会说，"那些新开的潮店并不适合我"或是"那种追逐潮流的地方只有乡巴佬才愿意去，总之我是不会去的"，等等。请读者诸君想想，你是不是时常对别人说，"居酒屋挺好，你到现在才知道呀"之类的话？

实际上，"居酒屋挺好"不是重点，真正的重点在于这句话背后隐藏着的"只有居酒屋才适合我"的意味，而这就是恐惧变化的"老好人"躲避那些潮店的理由。因为他们安于现状，无法承受新的环境与自己固有工作、生活模式之间的差距所产生的压力，因此只愿选择那些能让自己安心的“居酒屋”。

你是不是只去自己“经常去的店”，是否只和“情投意合的伙伴”畅饮？如果真是这样，请一定加以警惕，你的生活实际上已经变得越来越“线性化”，这会使你的视野逐渐狭窄，感觉也会渐渐变得迟钝。

所以，我建议各位不妨去尝试一下那些如雨后春笋般不断出现的潮店，这会从多个方面给予你锻炼的机会。也许，去这样的店铺之前，你可能会因穿什么衣服等问题而深感麻烦，**但这些处于潮流最前列的店铺却能让你时刻真实地感受到“当下”，而不会与时代、与社会脱节。**

身处这样的店铺中，那些全新的服务业要素以及前卫的空间设计成果能让你学到不少东西，涉及文化、艺术以及商务知识等多个方面。

比如，你能切身地感受到有口皆碑的店铺是怎样成为人们议论的焦点的，进而探索这些店铺受人欢迎的原因；你还能发现不同类型的店铺是怎样招揽不同类型的客人的；看看那些人气超高的店铺所散发的宣传品，能够直观地认识到店家的经营之道；而这些店铺如何将自己所提供的服务在互联网上加以表现，采取哪些公关方式，也会令人受益匪浅。

总之，在这样的环境中你将培养和掌握在家中读书、听音乐绝对无法习得的“文化品位”与“商业嗅觉”，而这些将大大拓宽你的职业之路。

所以，请努力培养自己不断吸收最新文化的习惯，成为一个真正“眼观六路、耳听八方”的男人。

需要补充的是，身为男人，居酒屋当然还是可以去的，但关键在于要谨记敞开你的胸怀，容纳各种事物，并在这一过程中不断提高自己的能力。

普通的“老好人”只会坚守令自己毫无压力“感觉最好”的地方；“纯爷们儿”则勇于踏入那些“最前卫的地方”，培养自己的商业嗅觉。

五

“纯爷们儿”敢于直谏老板，从而获得双赢

站在上司或老板的立场上看，如果某人让他们感到“是一个值得信赖的部下”，首先是因为此人能够果断地执行他们的命令，具有很高的执行力。

但是，想要真正成为“值得信赖的部下”，单纯具备执行力显然是不够的。因为，只知听上司的话而不会主动思考、唯命是从的人是永远不会意识到企业正面临着怎样的“迫在眉睫”的危险的。

也就是说，只有拥有超越老板的能力与经验的判断力，时刻能向其提出中肯建议，使其有效规避风险的人，才能真正成为老板身边的“红人”。

比如，若是你做出如下建议，那么你和老板之间形成良好的关系，进而获得双赢的可能就会大大增加：“与

A公司合作的话，对于在短时间内维持现有销售额的水平是有利的。但从目前业界的整体情况及未来发展的走向来看的话，我认为与市场占有率更高的B公司合作是更好的选择。所以，应在保持同A公司接触的同时，展开与B公司的谈判。”“现在公司在移动支付业务上投入大量人力物力，这固然正确。但如果我们能够介入社交游戏领域的话，将会大大增加公司的现金流，所以，把一半人才转移到社交游戏的开发上如何？”

你可以看到，比起和老板一起破产的“老好人”来说，提早预知危机到来，并能够和老板一起渡过危机的人，无疑需要拥有更高层次的沟通与交流能力。

事实上，由于你与上司之间是上下级的关系，想要对上司的某些错误想法进行纠正是很困难的。如果相互之间没有形成超越工作关系的信赖感，你是无法提出“诚挚的反对意见”的。

特别是对那些在“斯巴达式”一意孤行的上司手下工作的人来说，除了拼命埋头苦干之外，更不会有什么向上司提出建议之心了。所以，在这样的上司身边工作，可要加倍小心。

归根结底，你不会想成为一个只知唯唯诺诺、对上司或老板制订的错误方针不闻不问、甘心屈服于命运、最终和公司一同走向毁灭的人吧？

所以，诸如“那个领导没问题！他从来都是正确的”“老板好可怕，还是少说为妙”“还是别给干劲儿这么高的人泼冷水了”等想法都是大错特错的。无论你多么尊敬的上司或老板，他们都是人而不是神，所以他们必然会犯错。由于工作繁忙，他们难免会有“关注不到的地方”，如果你真的信赖他们，那就请拿出勇气，全面收集相关数据与资料，纠正他们的错误。

普通的“老好人”，只对老板言听计从，而对“市场的变化”和现实的情况视而不见；“纯爷们儿”与上司之间是信赖关系，勇于提出反对意见，引导上司做出正确决策。

六

“老好人”往往沉不住气，“纯爷们儿”却深知沉默是金

各位读者，当你们与他人单独相处时，比如在职场中与人商榷、谈判或是在生活中初次与人约会等，是否曾有因急于打破沉默而慌张开腔、口不择言的经历呢？

这种情况固然令人尴尬，但从其性质上讲，绝非什么有意为之的坏事，反而说明你有着一颗“善心”。换句话说，只有充满奉献精神，想让对方在这种场合下感到更舒服的人，才会做出上述行为。

话又说回来，虽然这并非什么坏事，但在大多数情况下，对方却不会设身处地地为你着想，而当话一出口，你自己也会觉得“太过唐突”而慌张地想要加以遮掩，这时你会深刻体会到，与保持沉默相比，把“我现在十分焦虑”的忐忑心情清楚地传达给对方，是一件更为难堪的事情。

那么，对于心地善良的“老好人”来说，如何才能避免出现这一令人心痛的情况呢？

首先，自己要心怀坦荡，正视这种场合可能出现的沉默。要知道，与陌生人相处，相互之间没有什么共同的话题并不是什么致命伤！如果你在思想上放得开，那么，在外在表现上就会让对方感到你十分坦诚，不刻意做作。

其次，试着做做深呼吸，在舒缓情绪之后，轻松地以当时当地的景象或是你当时的真实感觉作谈资即可。这会让对方感到你在这种场合之中是无拘无束的。

如果你的确十分紧张，那就一定要强迫自己做到以上两点。总之，在与人单独相处的场合，不要毫无准备地说出任何言语，从而让对方感到你的焦虑。

若是以上方法不管用的话，也不要着急。可以等到对方说话之后，装作不经意地反问“您说什么”，从而在时间上为自己争取主动。

需要强调的是，**适当地保持沉默以及高超的沟通技巧在职场中具有十分重要的作用**。在与人谈判的过程中，如果你急于与对方交流，而说出了十分肤浅的话语，马上就会给人以十分不好的印象。因为在这种场合，你的一言一行都被对方关注，一旦言语不慎，也许就暴露了你谈判的底牌。此外，你的不安与紧张情绪，也许会令本来轻松的对方也感到不快。

这样的话，在相互角力的谈判中，对方从一开始就完全占据了上风，即使采取任何补救方式，恐怕都难以挽回颓势。因此，这种口不择言的习惯将会彻底破坏你在职场中的商务关系。要知道，有时候沉默意味着交流双方都在“进行着深思熟虑”，如果你能够在短暂的沉默后有条有理地将你的思索表达出来，那么你将深得同僚及对手的信赖。

普通的“老好人”往往沉不住气，在口不择言中丧失了机会；“纯爷们儿”则深知有时“沉默是金”。

七

试着明确表达自己的好恶

笔者觉得，各位读者或多或少都会有这样的经历，在下班后被自己讨厌的上司强行拉去喝酒，不断地听他说些毫无意义的废话、抱怨乃至训斥，经历让人难以忍受的“洗脑时间”。

笔者在 20 多岁的时候，就有过类似的惨痛经历。虽然想要拒绝上司的邀约，但如果不去的话，脑海中立刻浮现出“解雇”这个词。但在与上司推杯换盏之间，我却脸色苍白、头脑迟钝，深感自己因说了太多违心的话而丧失了真正的自我。至今回想起来，仍痛感自己当时像是被拷问一般，头脑中除了“忍耐”二字，别无他想。

公司真是一个神奇的东西。即便毫无魅力、人品极差的上司终究也是“上司”，在下班后拥有强拉下属喝酒的权力。而笔者想要挺身而出解救这些成为“被害者”

的下属。

如果想要拒绝讨厌上司的强行邀约，一定不能有丝毫犹豫与怯懦。必须果断决绝，以一种绝不相让的姿态明确地表达自己的意见，用力大声说出，“我已有约”。

长时间在充满压力的环境中吃饭，或是对一些毫无乐趣的话语强颜欢笑，时不时还要被训斥一番，这种所谓的“畅饮”不仅十分有损你的身体健康，而且完全是在浪费你宝贵的人生。在这种情境下，你所做的无异于将自己的人生作为奉献给他人的祭品。

对于那些实在难以说出“我已有约”的人来说，笔者奉劝你们在自己的笔记本上写满可能的约会，这会让你打消心中的罪恶感，从而充满勇气拒绝讨厌的上司。

而若是你已成为完全“逆来顺受”的人，笔者建议你可以打电话邀老朋友出来坐坐，从而切身体会与职场中完全不同的快乐时间。只要真正感觉到“快乐”之后，你就会对讨厌上司的邀约产生抵触感，进而想办法拒绝。想要不虚度自己的人生，那就首先从这里做起吧。

请时刻牢记，你拥有尽情享受私人时间的权利。**“在毫无乐趣的时间中愤愤不平”绝不是一个成熟的男人。**只有能够充分地利用好属于自己的时间，才说明你已真正成熟。

你永远会记得与朋友们痛饮时发自内心的欢笑，而与讨厌的上司喝闷酒只能让你的身心饱受摧残。

普通的“老好人”，往往会强颜欢笑与讨厌的上司推杯换盏；“纯爷们儿”则会明确拒绝讨厌上司的强行邀约，充分享受属于自己的时间。

八

"纯爷们儿"懂得如何拒绝别人

"纯爷们儿"懂得如何拒绝别人，不会让被拒绝的一方感到自己"逃避"或"无情"。

例如，也许有人会拜托你帮助介绍一些能够在工作上提供帮助的人给他认识，并且明确提出"有事想要麻烦对方"的要求。然而，这人与你并不很熟，也没有什么过人之处，而若是介绍对你自己来说很重要的朋友给他认识，对朋友不仅没有什么好处，甚至会给他增添麻烦，从而让朋友对你产生不满，损害你们之间的友情。

在这种情况之下，普通的"老好人"仍然会热心地为其介绍的。**他们认为，"别人拜托我的事情，一定要给对方一个交代"**。但是，这种想法是十分危险的，因为在弱肉强食的商场之中，仅仅凭借"打过交道"或"曾经共事"，就贸然答应对方的要求，做所谓的"中介人"，是很难成功的。

在职场之中，业务伙伴之间的基本准则是互惠互利，想要做一个成功的“中介人”必须遵守这个准则，如果双方之间不能在互惠互利的基础上达到平衡的话，是不可能成为伙伴的。如果你能认清形势，可以用以下的方式拒绝对方：

“现在每天都很忙，真的抽不出时间。”

“实际上，我和对方也不是很熟，实在是帮不上忙。”

“请大致告诉我您想和对方谈些什么，以及您能提供的条件，我转告给对方，看其是否有兴趣与您会面如何？”

以上这种回复方式不仅限于拒绝做“中介人”的场合，而且可以灵活用来拒绝任何附加的工作。

当然，“纯爷们儿”在拒绝别人的要求方面会有更好的办法，比如，他会委婉地说：“我现在手头的工作实在是多得一塌糊涂，这与我的个人能力有关，如果我的能力再提高一点儿，就一定不会使您失望了。”从而向对方传达，自己爱莫能助的心情；并让对方感到自己的要求是不合情理的。

这种拒绝与硬撑着接受别人的请求，但却因无法完成而令委托人十分恼怒的情况相比，反而维护了自身的信誉。

我想请各位读者记住，**在他人的无理要求面前，与含糊其辞的“YES”相比，斩钉截铁的“NO”能够更好地维护你的人际关系。**

普通的“老好人”总是不假思索地答应别人的一切要求；“纯爷们儿”却深谙不会给任何一方造成伤害的“拒绝之道”。

九

不要在无意义的事情上浪费精力

恐怕很多“上班族”都有过这样的经历，下班后在无聊的同事聚会上饮酒赔笑到深夜，直到发现错过末班电车，不得不改乘出租车回家，第二天又要早早起来头脑不清地投入到工作中。

为了维持必要的面子而与人应酬虽非什么大错，但在这个“生存第一”的时代，如果想要在事业上取得成功，这样的事还是尽量少做为好。当然，周末的时候，能够和朋友或恋人一起喝上一杯自然是再好不过，笔者认为需要减少的是那些“毫无意义、时间冗长的聚会以及为了应酬上司而喝酒”的活动。

我的朋友杉山先生从公司辞职，开始经营制作网页的生意，如今已经结婚 7 年，并建立起稳固的业务关系，其个人公司的营业额节节上升。我曾问过他为何能取得这样的成功，他认为秘诀就在于自己每天“早起”的习惯。在他的客户之中，有不少习惯在夜间提出工作委托，时间大多集中于23点左右，因为他们要赶末班电车回家。

客户在委托工作时往往感觉“这么晚了才对他说，他的压力一定很大，在时间上恐怕无法保证，恐怕明天下午能够提交网页的样张就不错了”。然而，第二天早上，客户上班后打开电子邮箱会看到一封邮件，邮件的内容是“这是昨晚您所委托设计的网页样张，请您查收”。发送时间竟然是早上7点，客户感到十分惊奇的同时会内疚地想，“恐怕他为了完成工作一夜未睡吧”。可是，事实却不是这样，杉山先生并没有勉强自己，只是在前一晚的23点左右就寝，第二早上5点起床完成工作而已。依靠充足的睡眠，他彻底消除了疲劳，可以以清醒的头脑应对工作，从而效率极高地在两个小时内完成了工作。

试想，如果杉山没有早睡早起的习惯，而是10点开始工作的话，到完成工作估计已经是下午了，无论如何都会比早起后完成工作的时间要晚5个小时以上。所以，这种早起的习惯不仅避免了让客户等待而且还为接受新的工作赢得了时间，效果非常之好。杉山先生认为，“早睡早起的习惯帮了我的大忙，我不但不会被繁重的工作逼着熬夜，而且能够获得充足的睡眠时间”。所以，我希望各位读者能够尽量减少在无聊的事情上浪费精力的坏习惯，努力培养早睡早起的习惯，在不久的将来，你必将因此而获益。

普通的“老好人”将精力浪费在每日无聊的聚会饮酒之上；“纯爷们儿”则会养成早睡早起的习惯，从而使工作始终保持高效率。

Chapter 2

第二章

不再做“老好人”，事业将取得成功

十

普通的"老好人"总想一个人完成所有工作

不依靠任何人，凭借一己之力完成工作并取得成果——拥有这种独立工作的精神以及明确的责任感是十分重要的。但是，当工作量较大，承担的责任过重时，上述想法可能就会成为危险因素。如果超出个人的承受能力而硬要独立进行工作会造成怎样的恶果呢？首先在精神和肉体上都会发生问题，而由于没有可以依靠的人，手中的工作只能暂停，最终会给周围人造成很大的麻烦。由于只有你一个人承担这项工作，因此你也不可能安心地养病。

上述想法的另一个可怕之处在于，它背后隐藏着一种强烈的"安于现状"的心理。

为什么这么说呢？普通的"老好人"总想着"依靠别人不是一件好事，而且这会增加风险"，在这种思考方式的指导之下，他们会选择长时间地重复内容相同的工作。正如棒球手每天反复挥棒击出几百个飞到自己面前的球一样，长期如此，你将完全无法从事需要对一年或是两年后情况进行展望和计划的工作。总之，你将彻底失去订立计划的能力，也不会再有任何梦想。

这种单枪匹马的个人英雄主义是普通的“老好人”们极易陷入的误区。他们在工作中总想着“不要麻烦别人”“自己肯定能胜任”，虽从道德品行的角度来说绝对优秀，但却完全不利于工作。

而对“纯爷们儿”来说，他们能够抓住工作要领，聪明地将繁重的工作分解给多人来完成。

在正式展开工作之前，他们会用一段时间集中精力找寻在工作经验或技术方面比自己深厚和优秀的人才。也许这一寻人的过程可能会令工作耽搁一下，但“纯爷们儿”不会在意，他们会根据自己心中明确的“报酬”与“目标”组成合适的团队，进而顺利地开展工作，并形成“即便没有自己，工作也能按部就班地进行”的良性状态。而这才是使事业成长、发展的正确思路。

“纯爷们儿”即便对自己喜爱的工作也会合理地借用他人之力，以极大的勇气放手让人去做。

当然，对于公司的核心工作来说，我们不能随便放手。

但对于一些外围事务，我们则尽可能将其合理地分配给合适的人。也许这会被人视为对待工作不负责任，但只要不坠入完全依靠他人的误区，这种分配方式实际上是培养人才、锻炼自身领导能力的有效方式。同时，还可以在这一过程中，通过与自己团队中的年轻人的交流，使自己时刻保持“新鲜”。所以，笔者诚恳地希望各位能够成为善于将繁杂的工作分配给他人的“纯爷们儿”。

普通的“老好人”即便腰酸背痛也要一个人背负30公斤的重物；“纯爷们儿”则会借5人之力轻松举起100公斤的东西。

十一

这样对付纯属语言游戏的无聊会议

这世上有两种类型的人，一种人属于“热衷于发起无谓的讨论”的类型，另一种人则属于“身不由己被卷入无谓讨论”的类型。

具体来说，前者是一种不顾现场氛围，无法把握话语流向与谈话主题的人；而后者则是即便有人发表离题万里的意见也会认真对待的人。

这两种类型的人都显得无可救药。客观地来看，前者更像是“加害人”，大家都唯恐避之不及；而后者虽然属于“被害人”，但其行为却助长了“加害人”的“气焰”，起到了“为虎作伥”的恶劣作用。

笔者发现，只要是普通的“老好人”，绝大部分都会被卷入“无谓的讨论”之中。他们会很轻易地将远离会议主题的言论作为讨论的重点，非常认真地应对那些无谓的话题。

事实上，当有人在会议上的发言开始跑题时，我们完全可以这样说：

“这个话题可以放在会后讨论吗？”

“时间十分紧迫，大家还是围绕今天会议的主题发言吧。”

“让我们回到主题上来，让会议往下进行吧。”

像这样，只需一句话就可以打断跑题之人，使讨论回到正轨。但“老好人”们却办不到，这是为什么呢？

理由很简单，“老好人”们认为，“不回应别人，或是打断别人的发言是不好的行为”。但是，仅仅因为这个原因而“帮助”跑题之人，难道不煞风景吗？

在会议之中或是好友之间进行交谈时，如果出现一个热衷于发起无谓讨论的人，现场的气氛一定会发生恶变。此时，若是有一个虽无恶意，但却“为虎作伥”的“老好人”，就更会让会议或谈话难以进行下去，再加上现场的主持人无法让讨论回归主题，那么与会者或参加讨论的人很快都沉浸于不快的气氛之中。

但是，“老好人”做出以上的行为往往都是不由自主的。他们普遍不善言辞，无法将自己心中所想顺畅地表达出来。正因为如此，他们对离题万里的发言毫无抵抗能力，只有附和，从而成为跑题之人的“帮凶”。这当然是不行的，如果不对此加以重视并努力纠正的话，在此后的类似场合你仍然会掉入絮絮叨叨的陷阱。

首先，请冷静下来仔细思考，究竟谁是那些喜欢在会议中发表无谓言论，从而令讨论离题万里的人。这样的人一定不多。**要对这样的人加以提防，在下次会议开始之前准备好能够有效对付他们的言语。**其次，为了能够有力地对这种人加以回击，你还需要一个帮手。找到一个同你有着相同压力的人，和他结成同盟，共同对付那些跑题的“元凶”。

以上这些准备都是必要的，这绝非什么欺负他人的阴谋，而是为了让会议不致跑题，让相关的所有讨论都具有实际意义。

尊敬的读者们，你是想继续以前那种絮絮叨叨的讨论呢，还是想置身于真正优秀的团队之中，与真正优秀的同事一起，进行充满实际意义的讨论，并在这种良好的氛围中使自己的人生得到熏陶呢？请拿出你的勇气，向那些跑题之人宣战吧！

普通的“老好人”，常常被卷入那些无谓的讨论之中，而感到身心俱疲；“纯爷们儿”则会毫不犹豫地打断离题万里的发言，使讨论回到正轨。

十二

“老好人”的工作往往单调而无聊

有一位女性朋友（30 岁，从事旅游业）曾对我表达过这样的意见，“普通的‘老好人’除了外在的一些元素，没有能够更进一步吸引女性的东西。他们每天都在重复做着理所应当的事情，毫无深度可言。”

“老好人”若是想成为“纯爷们儿”，一定要重视这位女性的意见，特别是“深度”这个重要的词。

“老好人”们在职场中的状态往往是这样的：终日闷坐在办公桌前，重复处理着毫无乐趣的工作。下班后，准时和公司的同事到居酒屋中闲坐，随后酩酊大醉地返回家中。周末偶尔和公司客户打打高尔夫球。像这样平淡地工作着，在工作之外又没有什么气味相投的朋友或是兴趣爱好的男人，是无法得到女性的青睐的。而若是上了年纪的话，就更无魅力可言。

这是因为“按部就班、毫无情趣的生活方式”会在不知不觉之间使人沮丧、失落，进而体现在个人的言行举止之上。

与此相反，那些“独立思考，大胆创业，在工作中充满活力，并能够清楚地区分工作与生活，尽情享受生活乐趣，呼朋唤友拥有广泛人脉”的男性，无论在同性还是异性那里都很受欢迎。正是其“具有深度的生活方式”令大家充满兴趣。**一个人在好奇心的驱使下度过的快乐的时光越多，他的言行举止就越显得朝气蓬勃。而拥有相同好奇心的朋友越多，他的言行举止就越显得沉稳，而具有大家风范。**快乐的时光与独特的体验会毫无保留地体现在一个人的脸上，从而令他拥有无限魅力，对周围的人产生强大的吸引力。

也许，成熟男人的魅力正在于所谓的“不务正业”。而其具体的表现是拥有一大批志趣相投的“不务正业”的朋友，与这些朋友在精神上的紧密联系会深深地影响男人的言行举止。

笔者有一位朋友与其他6人一起购买并保养着一艘游艇。他们每人出50万日元买下了这艘有着一个狭小客舱的二手游艇。而这艘游艇每月在船坞的停泊费用是8万日元。周末的时候，他们就会邀上更多的朋友，驾驶这艘游艇出海，通过这艘游艇，他们结交了超过100位好友，他们的游艇也被称为海上的伊甸园，这种“不务正业”的行为被人交口称赞。

也许有人会说，这不仅需要大量金钱，还要面对复杂的人际关系，无异于用新的规则来束缚自己。但是，若是你能在某些方面有所忍耐，一定能够从中体会到在工作中难以找寻到的充实感，你的人生也将更具深度。

循规蹈矩、按部就班的生活并不一定是坏事。但这却容易让人闭关自守、闭门造车，毫无情趣与深度的平淡生活易让人生出虚无之感，往往会想“我这么拼命工作是为了什么？”“或许我天生就没有什么魅力！”而在这方面最为典型的例子，就是那些勤恳工作的“老好人”。

这些人并非天生没有魅力，只因他们没有选择给自己平添魅力的生活方式。对他们来说，给自己的生活增加深度，或是适当地“不务正业”或许是最好的办法。这些“不务正业”最终会成为宝贵的财富，当这些人注意到这一点是，就会从一个认真的“老好人”脱胎换骨，成为一个“具有深度”的“纯爷们儿”。

普通的“老好人”只知每日重复着按部就班的单调工作；“纯爷们儿”则拥有独特的世界观，其魅力深深吸引着周围的人们。

十三

人生的舞台需要“不知天高地厚”的精神

当你听说身边的人在事业上取得了成功时，你的第一反应会说什么呢？是“真厉害！我也要努力！”还是“他怎么做到的呢？我要请教他。”抑或是类似“他发的不会是不义之财吧？”以及“纯属他命好！”等颇为小气的言语？

若你的选择是后者，则说明你习惯于将成功人士看作具有特殊才能的人，喜欢用画线的方法将你与成功人士区分开来。而在画线的同时，你实际上也给自己限定了发展的空间，这种习惯绝对是限制你发展可能性的坏习惯。

请记住，成功人士也是人，你与他之间无须用一条线区分开来。我们需要的是在他人的成功故事中汲取力量。所有的成功人士获得成功的原动力都在于“我也能行”的想法，而这种看似“不知天高地厚”实则充满勇气与担当的精神，最终成就了他们的事业。

举一个朋友的例子吧。他在从公司辞职后，开始经营美体沙龙，创业时曾举债6000万日元。但是，他押宝于当时十分流行的网络购物，开设网店专门从事具有美容效用的保健食品的销售，最终创造了月营业额5000万日元的佳绩，仅用一年时间就还清了所有贷款。现在他在最繁华的地段拥有自己的豪宅。

笔者也曾被这个近在咫尺的成功神话而深深鼓舞。笔者的其他朋友在听说了这个故事后，也纷纷表示：“他能行，我也能行！”有人选择了自主创业，有人主动承担起公司的新业务，还有人开始着手经营副业。他们都坚信，**即使无法与身边的成功人士一样在同一领域取得成功，在找寻到自己所擅长的领域后也一样会取得成功。**

当然，也有一些朋友会说，“这事儿放在我身上肯定不行”或是“要是失败了可怎么办”等小气的言语。在他们说出这些话时，他们的形象在我的眼中越发显得渺小，有些人逐渐远离了我的朋友圈子。

对于他人的成功发表负面意见的人，往往是最缺乏挑战精神的，即使10年之后，你也无法看到他的成长。这些人固执地认为“挑战是不好的，安于现状才是最佳选择”，而他们的人生是永无出头之日的。

如果你不想成为这样的人，首先请试着改变你的口头禅，在听到身边成功者的故事时，请试着大声说：“太好了！我也要努力成为他那样的人！”

普通的“老好人”在成功人士的面前总是表现得十分“谦虚”甚至“卑微”；“纯爷们儿”则会从成功人士的故事中得到鼓励，无畏前行，取得成功。

十四

“老好人”说话总是云山雾罩，令人困惑

有些人品行优良、忠厚老实，但却在不知不觉间给周围的人以压力，这类人一般都有同一个习惯。那就是这些人虽然礼貌待人，但对说话节奏的把握却实在是不好，为了显得周到有礼，他们说话总是云山雾罩，七拐八弯。

他们认为，自己已经充分表示了对说话对象的恭敬，并尽可能地想让对方明白自己想要表达的意思。但他们却没有注意到对方的感受，因此，总是被对方给予“完全是自说自话”的负面评价。这实在是一件十分遗憾的事情。

如果说话人自己完全意识不到这一点的话，那么估计其一生都无法纠正这种给别人添麻烦的行为，从而被别人视为一个麻烦的人而抱恨终生。

随着年龄的不断增长，说话冗长这一恶习越会被他人注意，因为你身边的人早已经深受其害。

还有一种令人厌恶的行为，那就是有些人说话高深莫测，并且以此为荣。当别人初次与其见面时，会产生他很渊博的错觉，而事实却完全相反。因为这种人或许求知欲很强，对某些领域的知识比较了解，但他们却完全不具有将自己所了解的东西简洁、清楚地传达给他人的“翻译能力”，因此只能对书中的原话加以复述，无法消化、转述所了解的知识，这能算渊博吗？

更令人厌烦的是那些说话时先抛出一些令人难懂的字眼，随后长篇大论地对其进行解释的人。这种类似大学授课般两段式的说话方式，让人无法忍受，因此，即便他们在个人品行上无可挑剔，也会因其言行给别人以压迫感而让人觉得他是一个无比麻烦的家伙。

所以，**如果想让别人感到你是思路清晰的，并且让对方十分乐于听你说话。那么，就请努力成为一个能够将复杂的事情言简意赅地清晰表达出来的人。**这无疑是对别人最大的体谅，同时也是你思路清晰的最突出的表现。

如果你能够将十分复杂且不甚形象的事物用易懂的例子加以解释和说明，你的人际沟通能力会得到迅速的提升。无论是朋友之间、恋人之间还是同事之间的关系都会发生迅速而可喜的变化。想要成为这样的人，是需要进行训练的，最好的方法是平时尽量试着运用简短的言语对事物进行比喻。

例如，在需要对企划书的制作方式进行口头说明的场合，不讲究说话方式的人或许会这样说：“由于企划书的第一页是对整个方案的概述，为了能够体现各部分之间的关系，在制作时，我觉得尽量不使用文字，而采用线条与图案的方式加以表现比较好。”

而一个擅长讲话的人，则或许会这样说：“企划书的第一页相当于整个方案的地图，因此采用指示图进行表现。”

一味追求言辞有礼，不顾可能令别人感到费解、带来压力等后果，如果不想成为这样麻烦的“老好人”，那就从今天起努力改变自己吧。

普通的“老好人”，说话总是云山雾罩、七拐八弯；“纯爷们儿”则会用简洁的语言切中要害。

十五
试着将那些“不做也行”的事情进行到底

这世上有两种类型的人，一种人属于“在工作中表现真实自我”的类型，而另一种人则属于“在私人时间，和好友、恋人或家人一起时才表现出真实自我”的类型。这是两种客观的生存状态，没有好坏高低之分。无论何种生存状态，其目的都是充实自己的人生。

但是，严格来说，能够兼顾工作与生活才是最为理想的人生。从这个角度讲，首先能够充实个人的业余生活似乎更为重要。其原因在于，从一定意义上讲，除了那些丧失劳动意欲的人外，不认真工作的人是不存在的。无论是严厉上司的目光还是各种严格的考核制度，都在一定程度上促使人们全身心地投入工作。

那么，**在业余时间如何对待玩乐和恋爱呢？关于这个**

问题恐怕没什么人会觉得难以回答，因为我们大多会采取“放任自流”的态度。闲暇时间，绝大多数人都会在家中无所事事，而所谓的朋友也不过只有公司中的同事而已。这与面对业余时间应该具备的积极态度相去甚远。而如果想要充实自己的业余时间，那么就请将你的玩乐计划规规矩矩地写在笔记本上，而且内容要十分具体。

例如，将明年暑期的计划“一定要和恋人及家人去一趟石垣岛”用大字写在笔记本中。这样的话，每天工作时都能看到，从而产生“现在努力工作是为了明年能去石垣岛”的想法，这样的想法会在一定程度上减轻工作给你带来的烦恼。

日本的上班族强调整齐划一，许多人因此失去了充满魅力的个性以及敏锐的感觉。许多在学生时代感情丰富、朝气蓬勃的男性，由于长期工作的浸染而彻底变样，绝大多数人成为每天只知上班、下班、机械从事着毫无乐趣的工作的“行尸走肉”。

想要扭转这种状况，**请首先确保自己的业余时间，并在此基础上活出“真实的自我”，活出“与工作时完全不同的自我”**。归根结底，是要清楚地区分工作与生活，在业余时间尽情玩乐。而通过“玩乐”，你的敏锐感觉与丰富的个性才会重新回归。

在业余时间的玩乐或许会为你打开通往全新世界的大门，成为你转换工作或是自主创业的突破口。

“玩乐”总是被人们视为可有可无的事情，而想要真正充实自己的业余生活，我们必须正视“玩乐”的重要作用，将这看似“不做也行”的事情进行到底。

普通的“老好人”，会将工作中的疲惫带入自己的业余生活；“纯爷们儿”则将业余时间视为另一个散发魅力的重要舞台。

十六

“纯爷们儿”相信“天职”的存在，并想尽办法去找寻

这世上的很多人都认为“完全适合自己的天职是不存在的”。但追逐自己的梦想以及实现自己梦想的人们却认为：“天职肯定存在！只要不放弃，一定能够找寻到最适合自己的定位。”然而，他们却属于少数派。

为什么相信“天职”存在的人反而是少数呢？从小到大，父母、上司或前辈总是会教育我们“天上不会掉馅饼”，但我们不能不假思索地全盘接受这个观点。

笔者觉得正确的说法应该是，**“天上不会掉馅饼。但是却一定存在着适合不同人从事的‘天职’，如果有人找寻到了，则会取得5倍乃至10倍的成果，无论在事业还是财富上均能获得成功”**。只是因为大多数人没有找寻过适合自己的“天职”，因此根本无法说出这样的话。

还有一种常被老人们挂在嘴边的说法是，“无法在一个公司里取得成绩的人，到别的地方也不会有什么出息”。笔者在 20 岁出头时曾经多次听到过这样的“教诲”，并曾一度对此深信不疑。

但是，现在看来，这纯属“鬼迷心窍”。**因为这世上有太多的人觉得自己所从事的工作不适合自己，或者工作的内容无法有效地唤起个人的热情。**笔者也是其中之一。而如果笔者能够找到真正适合自己的职业，光从收入上就能实现数倍的增长。

我们不能轻信那些在世间广泛流传的所谓“真理”，如果不保持清醒的头脑，就永远只能是一个顺从于公司的“老好人”。

就拿“无法在一个公司里取得成绩的人，到别的地方也不会有什么出息”这个“真理”来说，其目的无非是想让你在公司这样的组织里做一个循规蹈矩的老实人，一切听从公司的安排罢了。打个比喻，这句话就如同一把鞭子，威逼着你每天从事着同样的“比赛”。

的确，我们每个人都在技能及知识上存在着不足。但是，正确地评价一个人绝不能只看这些。每一个人又同时都具有别人无法企及的能力，人活在世上，最为重要的是发挥自己的长处，至于弥补自身的缺点则是次要的事情。

过去许多“老好人”都有过以下典型的经历。一位30岁的男性，常年供职于大学时的前辈所创立的仅有4人的小公司，其薪酬长期没有提升，但他却坚决不辞职。笔者问他这么做的理由，他说：“如果从这里逃跑的话我就成为了一个懦夫，薪水虽然少点儿，但可以节约点儿用啊。”而实际上，他与公司领导的关系并不好，而且还因收入低受到岳父母的嫌弃。到这种地步还能够坚守这家公司，笔者只能说他真够义气。

笔者觉得，如果他真想要帮助所在的公司的话，就应勇敢跳槽到薪水更高且机会更多的公司，在新的岗位上攒下钱之后，再无偿为以前的公司工作。或者彻底脱离公司，在自己所擅长的领域自主创业，自己做老板挣钱。江湖义气这种东西，如果使用不当的话是会造成惨烈的悲剧的。

普通的“老好人”坚定信守所谓的“真理”，在自己所不喜欢的工作中无法自拔；“纯爷们儿”坚信“天职”的存在，并且努力找寻，大胆实践，最终获得成功。

十七

“老好人”只在公司内部拥有“人脉”

有些人热衷于在工作和生活中利用各种机会，积极与人交流沟通，拓展自己的人脉，从整体来看，这些人的人生充实度与那些“离群索居”的人，有着很大的差距。

普通的“老好人”一般都不擅长积极主动地结交新朋友。或许在公司里他们能够微笑面对每一位同事，但在陌生人云集的聚会上，他们就变得手足无措，若是没有相同的业务背景，一时找不到共同的话题，这些人就只能干瞪眼，而想不出什么值得与人谈论的东西，因此，他们视各种聚会为压力，逐渐将自己闭锁起来，而其人生也由此变得无聊与空虚。

若是读者们也有同感，笔者建议为了使你的人生更有意义，请尽可能地主动去结交陌生人吧。

首先是拓展自己的人际交往圈；其次通过自己的朋友

认识更多的人，建立起较为稳固的人际网络后，再适时地举办一场聚会，对相互之间的关系加以巩固就可以了。

无论你主动认识的人是10个还是20个，只要你勇敢地迈出这一步就是胜利。其实我们很多人对于工作中“孤军奋战”的无助之感都“心有戚戚焉”，而一旦能够有人与你分担，你身上的压力就会减轻甚至消失。

此外，若是你在工作上受到打击，或是遭遇到一些突发事件，以及在爱情与人生上的烦恼，尽可以通过对新结交的朋友倾诉而获得心灵的寄托。若是对方曾有过类似的遭遇，他还能为你提供中肯的建议以及相关指导，如同重新找回了学生时代那种单纯而毫无利害关系的友谊。

想要建立这样的人际关系网络，首要的一点是冲破公司的窠臼，自己利用各种机会去开拓人脉。

与此相反的是，建立在工作关系基础之上的人脉网络是较为脆弱的，特别是通过业务关系建立的人脉更加具有这样的倾向。恐怕不少人都曾有过这样的经历，以前在公司工作时聘方会面的生意伙伴，一旦知道你要从公司辞职，马上就表现出冷淡的态度，甚至从此与你不再联络。

所以，如果你不想成为对人际交往不知所措的“老好人”，那就努力培养自己在开拓人脉方面的能力吧。

普通的“老好人”只能维持工作中的人际关系，而不会主动开拓人脉；“纯爷们儿”无论在工作还是生活中时刻都在积极编织着属于自己的人际关系网。

Chapter 3

第三章

“纯爷们儿”有时要“厚脸皮”

十八

你能让别人对你记忆深刻吗?

这世上有两种男人，一种男人无论怎样“无理”“不正经”都深受他人喜爱；另一种男人则正好相反，无论他们对人怎样彬彬有礼，都难以在别人脑海中留下很深的印象。

或许我们都曾接触过后一种男人，其共同特征是在见过一面之后，你难以记起他的名字。就算是他在工作上业绩突出，但其人际交往能力仍然是十分低下的。总之，人们会把他归入毫无个人魅力的男人之中。

而前一种男人在大家一起喝酒时，往往口无遮拦，时不时地会用洪亮的笑声感染在场的众人。这种男人可能在礼数上有所欠缺，但却能够通过自己的言行让别人快乐起来，并对其印象深刻，所以周围的人往往会对他做出这样的评价，“那小子虽然有点儿闹，但性格开朗，风趣幽默”。

相比之下，第一种男人理所当然地会受人欢迎。**因为这样的男人也许会有些不讲场合，有些散漫，有时甚至言行过激，但他们却活得自由、活得真实。**

当这样的男人因口无遮拦而伤害了别人，对方也会因他一句“啊，是我错了，真对不起”所体现出的毫无遮掩的致歉诚意，觉得他是个真性情的人，所犯之错都是无心的，进而开始欣赏他。可以看到，拥有这种性格的男人在人际关系的经营上具有一种天生的过人之处。

想要成为这样的男人，我们应该采取怎样的方法呢？最为重要的一点就是要用心，要对身边的人们对你的言行接受程度有清醒的认识，并对自己的言行效果进行仔细评估，并不断进行调整、修正。这样做的话，不用多长时间你就会摆脱“可有可无”的人的尴尬境地，而成为众人眼中的焦点人物。

普通的“老好人”往往会被众人遗忘；“纯爷们儿”则坦然面对别人，以真实的自我形象给别人留下深刻的印象。

十九

说话声音的大小与人生的充实度成正比

当一个男人与恋人、好友或是同事在一起时，他说话的声音显得十分重要，有时这甚至决定了别人对他的印象。特别是许多女性认为，在约会时“声音难以听清的男人”会给她们平添很大的压力。比如，“如果我听不清他说话最后的部分，我就觉得好像丢掉了什么重要的内容而惊慌失措起来”（27 岁女性，服装业者）；“无法大声地招呼远处的人，这样的男人很难带给我安全感”（23 岁女性，研究生）。

以上这些就是女性意见的典型代表。对于大多数女性来说，“说话声音小而安静的男人”一定是对“人畜无害”的“老好人”，但如果她们很难听清你说话，就会感到很大的压力。不用说，这一定会让你丧失与她约会的机会。

而在工作上，能够大声说话也是十分重要的。比如，当你因工作需要与公司之外的陌生人组成团队共同完成一项计划时，在初次与他们打交道时显得十分拘谨，“话音如蚊”让人难以分辨的话，**马上就会让人本能想“怎么能把工作交给这么一个没有自信的人呢？”并进而对你产生强烈的不安与不信任之感。**

所以，无论是在私下里还是在职场中，如果你想给初次见面的人一个好印象，让他们对你产生信赖感，请一定加倍注意要大声说话或让话音维持一定的强度。而这是你充满自信的证明。

当你在从事着自己所喜欢的工作或自己能接受的工作，且周围的人际关系良好的话，你说话的声音肯定不小且有着一种感染力。这让听你说话的人也会感到“如沐春风”。这是事业顺利的人所普遍具有的特征。除此之外，如果你的家庭生活十分美满，与恋人或妻儿之间的关系亲密，在说话声音上也会体现出上述特点。

我们的身体如同一件能发出声音的乐器，当你的心理状态良好时，身体状态也会随之良好，从而身心合一奏出“强音”。

而如果有人说话声音极小且毫无自信，肯定是后天的原因在作祟。我认识的一位男性朋友就是如此，过去他是一个神采奕奕、声如洪钟的人，可随着他被调任到自己不喜欢的工作，且作为内勤服务人员工作了3个月后，不仅状态委靡，说话的声音也迅速变小，让人难以听清。而像这样的例子，最近越来越多。这也难怪，所有人在自己不喜欢的工作岗位上都做不出成绩，进而会对未来产生绝望之感，在这种情况下谁还会大声说话呢？

有人觉得，只要在业余时间能够和各种各样的人快乐交流不就不会产生上述情况了吗？殊不知，在长时间的工作之后，带着郁闷的情绪，即使在好友或家人面前也难以打起精神大声说话了，其情况反而更为不堪。

因此，若是你发现自己说话的声音逐渐变小且毫无感染力，总是被对方反问“你说什么”的话，可能是你的精神正在萎靡。为了避免这种情况，就请有意地放大你的音量，尽可能增加语调的感染力，这会使你重新振奋精神，并受到身边人的欢迎的。

普通的“老好人”，无法把握自己的人生，其萎靡的精神也从他说话的声音中表现出来；“纯爷们儿”则时刻保持着音量洪大且富有感染力的声音，引领着人生迎接一个又一个高潮。

二十

放弃在众人面前演讲机会的男人，也就放弃了自己的人生

在外国人眼中，日本人从来都是内敛而不外露的民族。

但是，如今许多日本人都在努力克服这种在人前容易害羞的缺点，甚至可以这样说，正是这些人推动着日本社会的发展。

努力克服不敢当众发言的毛病是我们的人生之路进入新阶段所必须完成的一项工作。**无论是从完善个人的人格还是升华群体的精神方面来说，能够当众发言、演讲是人所必备的一项技能。**

但是我们身边的确存在一辈子都在逃避在众人面前演讲的人。比如，当有人邀请他们进行婚礼致辞时，他们马上就会拼命推托道“我真的不行”，这难道不是一种逃避行为吗？而从更深层次的意义上讲，他们在做出这种逃避

行为的同时，实际上选择了一条有些危险的人生之路。

即便你是一个生性温良的“老好人”，但由于恐惧当众演讲而拒绝他人的请求，一定会得罪对方，让对方以为你是一个自私而麻烦的家伙。而且，你的这种逃避行为也让你永远无法获得在众人面前发表演讲时的那种满足感与成就感。所以，你的这一行为会给自己和周围的人造成深深的遗憾。

的确，能够在众人面前妙语连珠是一件十分困难的事情。而且，讲得不好又不能转身就逃，身处当时当地的你很可能会产生一种仿佛身处“地狱”的感觉。在此之后的两三天内，你肯定会为自己拙劣的表现更感难堪。最终，会令你的心灵受到很大的伤害。即便如此，笔者仍要说，无法在众人面前演讲的毛病是可以通过平时的练习加以克服的，正如我们可以通过健身锻炼我们臂膀的肌肉一样，**我们的内心也同样能够生出在众人面前演讲的肌肉与神经细胞的。**

在进行练习的同时，我们一定能够获得来自外界的称赞，进一步增强自信，从而彻底克服这个缺点。

想要克服缺点成为能够自如地在众人面前演讲的“纯爷们儿”有很多种方法。首先，是要把在人前演讲当作自己的工作。尽量在工作中争取向同事们进行说明或是发表意见的机会，如果你把这当作工作，一种使命感会油然而生，从而有效缓和你的紧张情绪。其次，是要积极参加酒会或婚礼等聚会活动，并且尽可能地表现自己。在喧嚣欢闹的气氛中，现场的每个人都会成为陶醉于其中的小孩子，而在此时你也会感同身受地将紧张抛到九霄云外。

最为重要的一点是，要有意改变自己的固有想法，尽可能为自己增加在人前说话的机会，不要总是暗示自己“我是不能改变的”，要坚信只要通过反复不断的练习，无论是谁都能够在众人面前口若悬河的。

最后，你是想成为永远躲在角落里，逐渐被人淡忘的人呢，还是想成为平常温良礼让，关键时刻却能够带给众人以震撼或欢乐的人呢？

相信聪明的读者们一定会做出正确的选择。

普通的“老好人”，想象自己身处舞台之上时大多感到恐惧；“纯爷们儿”想象自己身处舞台之上时会深感陶醉。

二十一

过分“恭谨有礼”的行为有时如同一道没有味道、易被遗忘的料理

“虽然对方可能的确是个老好人。但他却难以给我留下深刻的印象，甚至让我无法感觉到他身为男人的特质。虽然这么说很是失礼，但与这种人见面之后，我很难记住他的名字……”（29岁女性，航空公司地勤人员）

我曾听不少女性说过类似的话。正如她们所说的那样，这世上有太多花钱请客吃饭、在聚会上努力取悦异性，到头来却让人家连名字也记不住的“影子老好人”。

这些人的特征是：“恭谨有礼”“声如蚊蚋”“言语无趣”“无法发起话题”“不够时尚”“皮肤白皙”“笑容做作”“语速缓慢”“缺乏幽默感”。

和这样的男性约会后，女性大多都会选择“消失”。这对他们来说无异于悲剧。为什么会有这种情况呢？一言

以蔽之，是因为这样的人太过一本正经，而缺乏引人注目的魅力。

“男人在过了35岁之后，在性格上应该稍微放开一些。如果太过彬彬有礼则会令人有无味之感，让人难以产生与他们交谈的欲望，甚至会让人感觉他可能十分胆小，从而进一步对他产生反感。”（36岁女性，广告业者）

诚如她所说，男人在到了一定的岁数后，如果能够基于个人的人生经验，让自己的价值观有所软化，并在适当的场合适度地开些恶作剧似的玩笑，这会让女性感到他很有男人味儿。所以，笔者诚恳地希望各位男士都能够成为一道材料丰富、味道刺激，令女性印象深刻的“美味料理”。

这不是通过短暂的努力就能够实现的。但如果你有意为之，一定会成为这样的男人。关于这一点，笔者想要介绍一些方法。首先，请从勇敢地放下诸如“一定要彬彬有礼”“注意不要失礼”等顾虑开始。当然，在面对女性时也不可过于随意。其次，要花些精力在自己的外貌上，改变你的固定穿着不仅会令你的形象为之一变，而且也会令你心情振奋。在与人交谈时，不要采取一本正经的否定或说教的态度，可以试着适当开开玩笑，甚至可以以自己曾经的“糗事”作为谈资，娱人娱己。一定不要忘记的是，要使自己的声音大起来。

对于日本的男性来说，熟知礼数当然是重要的，但笔者认为，现在的当务之急是要尽量磨炼自己，从而成为一个令人印象深刻的男人。

普通的“老好人”，言行没有什么特点，容易被人淡忘；“纯爷们儿”的言行往往出人意料，给人留下深刻而愉快的回忆。

二十二

“纯爷们儿”乐于多多赚钱

有不少人把“必须节约”挂在嘴边，满足于用现在的薪水维持自己的生活。这样虽然避免了入不敷出、借贷度日的危险，但是想要提高自己的生活水准，不能仅仅依靠削减支出，努力增加收入才是最重要的。

为什么必须增加收入呢？这是因为，想要让自己的人生更为舒适，金钱还是一个必要的东西。恋爱和结婚自不必说，想要提高自己的能力成就一番事业也需要资金的投入。而对于买房、买车来说，钱更是必不可少的。

首先，笔者想举一些不适当节约的例子。比如，笔者曾在缺钱时把 800 日元的午餐更换为 300 日元的，并认为这体现了节约精神。其实这是大错特错的，为了区区 500 日元你可能丧失了工作动力，同时对自我价值的评价也可能会降低，本能地产生“辛辛苦苦工作难道就是为了吃这样的饭吗”这样悲惨的疑问，如果维持一周的话，恐怕会彻底丧失干劲儿，在与人进行谈判的过程中恐怕也难以保持自尊。

若是不这样做，而采取这样的想法：“我多挣了500日元，可以吃一顿丰盛的午餐了。”笔者发现自己在工作时充满了干劲儿，同时也能取得较好的业绩。区区500日元就能产生如此惊人的效果，所以无论怎样缺钱都不应在自己的午餐上搞节约。

普通的“老好人”安于维持自己现在的收入水平，始终处在节衣缩食的状态之中。这虽然并不会造成什么恶果，但他们也无法获得满足感。而始终处在平常朝九晚五、周末无所事事的状态之中。笔者在公司工作时对此曾有深刻的体会，只能维持现状而实现不了自身的成长与发展。

但是，最终笔者摆脱了这种状态，所采用的方法是，在周末充分补充睡眠之后，将自己想要做的事情写在纸上，然后努力践行。

在笔者的努力之下，很快得到了一份在业余时间协助杂志的编辑部组织读者座谈会的工作，并且在杂志选题时帮助其进行读者调查，从而获得了一份额外的收益。总的来说，笔者实现了将“做自己喜欢的事”与“赚钱”的高度统一。

通过参与这样的工作，笔者当时的年收入增加了近100万日元，回想起来，这份工作也在一定程度上成就了现在的笔者。

“纯爷们儿”为了使自己的人生过得舒适，会努力挑战高收入的副业。当然，如果这个副业又是你所乐于从事的，那就再好不过了。

也许这并不容易，但是若是公司没有明确禁止的话，笔者还是希望各位能够从自己的兴趣出发选择从事一些副业，尤其是从事自己所喜欢的领域的工作，这会让你成长得更为迅速。更有一些人因此将副业做成了主业，实际上笔者就是其中一例。

> 普通的“老好人”，只知维持自己现有的收入水准；“纯爷们儿”会为了提高自己的生活质量而从事副业挣更多的钱。

二十三

无须服从公司内部的“潜规则”

假设你所工作的公司采取弄虚作假的方针进行经营你会怎么办？是以“我得吃饭”或“我还要养家”为由而默不作声，还是勇敢地站出来指摘这种行为，坚决主持正义？

普通的“老好人”会因“没有办法”而选择服从公司，这样做虽然迎合了公司，但却彻底背叛了做人的基本道德以及所有社会公众。就在这一瞬间，普通的“老好人”在无意中成为了骗子、帮凶。

因此，我们绝不能忘记，在身为公司职员之前，自己首先是一个堂堂正正的人。

真正主持正义的“纯爷们儿”即便做出选择而受到公司内部人员的排斥，也一定会斩钉截铁地说：“这难道是人应该做的事情吗？”并且公开与公司的恶劣行为作斗争，就算寡不敌众，也一定不会随波逐流、妥协让步的。这种勇气是一个人一生最为珍贵的宝物。

一旦我们不敢对错误的事情说“不”，我们的一生或许都无法改变这一恶习。如果你在原则的问题上选择明哲保身，那么你的人生必将是失败的。

再说一个关于笔者的朋友的故事。他曾经工作过的一家公司的经营方针就是钻法律的空子。虽然从法律角度来讲无法给这家公司定罪，但从根本上讲其业务就是在欺骗消费者，因此，这家公司常常受到各种社会组织及媒体的抨击。我的这位朋友虽身为这家公司的职员，却在听到社会组织的谴责意见后，勇敢地对公司领导直言：“请不要做欺骗消费者的事情！”但是，他的话自然被当作耳旁风。

此后，我的这位朋友在工作中明确拒绝从事欺骗消费者的行为，在上班时向每一个客户说明公司经营的真相，与整个公司的错误经营方针孤军奋战。他的正义行为受到同事及上司的厌恶，常常被他们群起而攻之。然而，即便是被在同一楼层工作的几十个人当作共同的敌人，他也丝毫没有动摇，并且果决地对我说：“事情的对和错与职务的高低没有关系。我不会屈服于公司的压力，我不想从事给信赖我的朋友、恋人以及将来的孩子乃至我的父辈抹黑的工作。这世上一定有相信且支持我的人，而这个公司的错误行为也一定会被公众所知晓。”很快，我的这位朋友就被公司强迫要求辞职，而一年后，这家公司的老板也正式被起诉。

如果我的这位朋友只是一个普通的“老好人”的话，他或许会成为公司行为的帮凶吧？而如果他做出了出卖灵魂的选择，恐怕余生都会陷入无限后悔的境地而难以自拔。所以，正义是带给我们勇气、战胜邪恶并引领我们走向未来的巨大的力量，请各位读者做一个高举正义之旗勇敢战斗的“纯爷们儿”吧！

普通的“老好人”，把单位的一切要求奉为圭臬，最终却可能被社会所唾弃；“纯爷们儿”时刻主持正义，最终会获得公众的信赖。

二十四
如果是善意的，吵吵架又何妨?

有人在公司中因上司或同事的不当言行而产生了巨大的压力，虽然想要奋力反抗，但又怕因此丢掉工作而最终选择了“表面上的顺从”。

这是众多公司职员都曾有过的经历。笔者在公司工作时，为了那点儿可怜的薪水，也曾经扮演过“强颜欢笑的小丑”的角色。而为了使这种压力得到消解，重新找回失去的自我，当时的我总是在下班后与好友拼命喝酒、玩乐，靠做一切自己喜欢做的事情来排解心中的不快。

然而，还有一些“老好人”为了避免与恋人或妻子的冲突，而在她们面前也尽量压抑自己。即便恋人或妻子的言行令其十分愤慨，他们也会尽量采取息事宁人的态度。

在公司里选择忍耐，而在恋人面前继续忍耐，长此以往，人将变得麻木而冷漠。如果我们在任何时候都保持

"一团和气"，也许能够使局面一直保持平稳，但与此同时，爱的温暖之感也就随之消失了。

普通的"老好人"，在公司积累着压力，而在恋人或妻子那里进一步积累压力，长久如此，必将掉入一个无底的黑洞。他们可能会对妻子以外的"温柔"女性产生感情，或许是下属，或许是业务伙伴，甚至还可能是陪酒小姐。然而，这会令事情的性质更为恶劣，从而被卷入悲剧的旋涡之中。女人的感觉一向是敏锐的，男人的出轨行为在很短的时间内就会被妻子发现，而一旦丑事败露，"老好人"们所面对的可能是"天大的压力"。

而这些全都是"避免冲突，息事宁人"的思想所造成的。笔者认为，和妻子或恋人吵吵架也没有什么关系。在吵架的同时，你充分表达了自己的想法，而对方认识到自己的错误后可能也会做出一定的让步。当然，你可以向一些异性朋友"倒倒苦水"，从而消解一些压力。所以，即使你和妻子、恋人之间保持着亲密的关系，能有一些"红粉知己"也是十分重要的，因为她们能从异性的角度对你进行启发，故此，请尽量避免让自己陷入身边的异性只有妻子或恋人的封闭状态。

无论在工作还是生活中，我们都需要适度地与人拌拌嘴、吵吵架。比如，你可以面带微笑，但却十分坚定地对人说“我可不是这么想的”，像这样半真半假的“示威”能够帮助我们减轻心理上的负担。而且这也会让周围的人更了解你的价值观，从而真正实现“和谐”。

普通的“老好人”，惧怕公司或家庭内部的冲突，而背负了巨大的压力；“纯爷们儿”则善于适度地与人吵吵架，从而帮助自己减压。

二十五

“不给别人添麻烦”真的是一种美德吗?

有一种类型的人是这样的，他们本着“不给别人添麻烦”的原则，只做自己分内的事，而绝不与他人分享自己的观点与兴趣。从表面上看，这种人显得冷静与沉稳，似乎给人以好印象。但是，一旦你的身边真的出现这种人，就会不由自主地替他感到悲哀，因为这种人的人生中与他人共有的回忆、感动、愿望、欢乐等实在是太少太少。

如果总是想着不要给别人添麻烦，而因此不愿敞开心扉，不想影响别人且被别人影响，这样的人生还有意义吗?

另一种人的人生则与这种“绝对孤立”的人生完全不同。幕府末期的一众“倒幕”志士就是最好的例子。他们宣扬先进的思想，致力于点燃人们心中的火焰，最终发动大众共同揭竿而起。他们的人生就是不断在影响、说服别人的过程中度过的。然而，他们获得了人们的信赖，成为引领时代风潮的“弄潮儿”。

所以，我们不能只看到复杂人际关系给人带来的负面影响。一个人当然可以离群索居了此一生，但这样的人生会是快乐的吗？而作为一个现代人，更应直率而坦荡地对人打开心扉，尽可能与人分享自己美好的回忆、友情以及爱情。

笔者希望那些“孤芳自赏”的人们能够改变自己，拥有更为积极的世界观。在与他人分享自己的内心时，也许会遭遇否定，但更多的人则会采取接纳的态度。而事实上，若是能有 10 个人愿意听你倾诉，你就会有无与伦比的幸福感。

想要与人分享，最便捷的途径是从自己的兴趣爱好开始。比如，高尔夫、潜水、慢跑、冲浪、垂钓、麻将、象棋、瑜伽、冥想等，凡此种种，不一而足。只要是你觉得喜欢的事物尽可以拿来与旁人分享，而这会让你迅速敞开心扉。

需要记住的是，当我们向朋友推荐某一事物的时候是需要勇气的，也许会被对方拒绝，但一定不要因此而停滞不前。我们对许多打动人心的事物甚至人生的意义认知，都是经别人推荐与教导而得来的。所以，请坚信，你的主动分享也许会对他人的人生产生重要的意义。

每一个人的心中都有着值得与他人分享的感动与回忆，这是我们人生的重要宝物。但普通的“老好人”却无法取得这些宝物。所以，我们只有尽可能地敞开心扉，与别人分享，我们的人生才会变得更加有意义。

普通的“老好人”将不给别人添麻烦视为美德，从而拒人于千里之外；“纯爷们儿”则会敞开心扉，通过分享，在自己与他人心中留下美好的回忆。

Chapter 4

第四章

你能大胆舍弃“老好人”的“伪善”吗?

二十六

真正和颜悦色的批评是什么样呢?

普通的“老好人”在批评其他人的时候，常常因为过于强势、尖刻而彻底破坏了人际关系。这对总是致力于向他人示好的“老好人”来说，实在是太过失态了。

为什么“老好人”会在批评别人时失态并带给对方深深的伤害呢？**这是因为他们在平常积累了太多想要倾诉的东西**。郁闷积聚不得发泄，一旦有了由头就会瞬间爆发，从而丧失理智般地将所有怒火都倾泻给他人。

如果你不想成为这样的人，那就有必要养成在平日里主动表达自己意见的习惯，从而为自己减压。

比如，你可以用类似“这里这样做是不是更好呢？如果这样的话 ×× 问题就迎刃而解了”这样的含蓄的话语，较为隐晦地表达出你对他人言行的不满与批评，从而在清楚地表明自己的立场的同时也令对方容易接受。这并非什么难事儿，无非是在说话时采取积极的立场罢了，而这会令你成为他人眼中“坦荡无私的人”，彻底避免了因怒气爆发而给周围人造成伤害的可能，别人自然也不会觉得你是一个“不知节制的精神不稳定的家伙”。所以，如果你能做到这点，即便个别时候实在过于气愤而较为严厉地斥责了别人，整个舆论氛围也会是对你有利的，大家都会认为，把你惹火一定是对方的不对。

因此，能够和颜悦色地对别人的言行进行批评的人，会很自然地使用“我觉得如果这样做的话，×× 可能会更好”这样积极的评论和建议，这样的人是永远不会郁积于胸的。

如果在表面上让人觉得和蔼可亲自然是好的，但更为重要的是在向对方提出批评与质疑时也能够和颜悦色。如果能把可能令对方怒火中烧、拂袖离去的话说得婉转，那么你的人际关系一定会始终处于良好的状态之中。而这就是说话看似轻描淡写但却能够发挥巨大效用的“话语能手”。

这样的人在工作中对别人提出的方案进行否定时，决不会采用诸如“这个方案一无是处，需要全盘推翻，这样的方案真是不像话”之类愚蠢而直接的表达方式。而是会和颜悦色地说：“在现有方案的基础上再进行一下整理和修改如何？这样，方案的效果会大大提高的。”而若是采用这样的说法，对方不会因感觉到自己的建议与设想被否定而沮丧或愤怒，反而乐意于重新考虑。

如果你能够采取积极的态度和颜悦色地对别人进行反驳的话，对方也一定会对你恭敬有加。能够做到这一点的人，无论是在工作还是恋爱上都能够应对自如、得偿所愿。

普通的“老好人”不善于批评别人，往往十分无畏地伤害对方；“纯爷们儿”和颜悦色地指出对方的错误，给予其积极的鼓励。

二十七

你是选择“这人不行，我才不约他”，还是“不约他才是错误的”？

“找时间一起喝一杯吧！”“好啊，没问题！”这是两个看似意气相投的人说的话，然而，如果此后一个月对方一次也没有约你出去喝酒，你会怎么想？

社交手段高超的“纯爷们儿”会这样想，“这家伙光说一起喝酒，却一次也没约过我，这回我得主动约他。”而普遍不擅长与人交往的“老好人”们却大多会这样想，“真是的，光是口头上说一起喝一杯，却从来也不主动约我，这样的人以后还是少理为妙”。

实际上，后者从一开始就把别人的邀约当作一种“外交辞令”，并未想与对方结交，所以，即便对方真的约他，他多半也不会接受的。

所以，理所当然的，如果没有人主动发出邀请的话，

普通的“老好人”是不会主动结交朋友或是追求恋人的。换句话说，他们在面对熟人朋友时总是保持着一种被动的态度。他们的朋友集中于同班、同一社团乃至同一公司的同一部门，或是业务上的直接伙伴，而不会超出这一范围，此外还要对方采取主动与其结交才行。

然而，这样的话，人生的乐趣无疑减少了一半以上。

笔者认为，如果能够主动扩大自己的交际范围，不断结交新的朋友，我们的人生一定会变得十分有趣且丰富。我们可以时刻在自己所在的班级、学校、公司之外主动结交符合自己择友标准的朋友。

如果你稍微注意那些善于与人交往的“纯爷们儿”的话，会发现他们具有共同的特征，那就是乐于呼朋唤友，主动邀约别人。他们将主动邀约别人视为一种“天职”，十分享受自由地邀约自己喜欢的人的过程。而且，当收到别人的邀请时，他们也一定会欣然赴约的。

这样的人熟记自己交往圈子成员的联络方式，所以可以随时与他们取得联系。并且总是乐于为大家的聚会考虑新的点子与花样，致力于把对朋友的邀约变成最高规格的招待，同时对此充满自信。

而不善交际的普通的“老好人”们，虽然在表面上与人相安无事，但实际上大多数都较为自私。他们只在乎自己的感觉，而没有工夫去取悦他人。在他们看来，熟记对方的联络方式，组织聚会以及准备相关的用品都是毫无意义的事情，他们的头脑中经常出现的词是“about me”，而他们的视线所及之处也不过是半径一米之内而已。

你会是一个不善交际的人吗？如果答案肯定的话，那就需要仔细考虑一下自己未来的人生是否要做一些转变了。

> 普通的“老好人”总是认为对方不好，而拒绝主动邀约他人；“纯爷们儿”则认为不主动邀约别人的行为才是错误的。

二十八

试着不再“强颜欢笑”

如果不在职场“强颜欢笑”的话会怎么样呢？或许有些人觉得一定不会有什么好结果。因为这些人将“强颜欢笑”视作融入职场氛围的一项技能。的确，笔者还记得，自己在20多岁时，由于没有对严厉的上司所说的蹩脚笑话“强颜欢笑”，而被这一贯冷冰冰的上司批评“你真是没有幽默感，有趣的事情发生后一定要笑啊”。当时的我十分后悔，成天想着“当时要是笑一下就好了”“真应该察言观色及时笑一下啊”，自此之后，我在很长一段时间内都尽可能违背自己的本意，努力做一个会察言观色、强颜欢笑的“老好人”。

然而，在下班之后，当我和朋友们聚会时，却被他们“斥责”，“你这人真是越来越没意思了”“你不觉得现在的自己有些不正常吗？别再强颜欢笑了”等。虽然听到这些，我感到难过，但头脑却清醒起来，而且对自己在职场中应该采取怎样的态度有了明确的认识，“如果我继续强颜欢笑的话，恐怕将来只能成为上司那样的老家伙”。也就是从那时起，我开始能够在工作中自然、正确地面对他人，并且没有与人产生过任何摩擦。

现在可以向读者们说了，从那时以来，我就彻底地回避与那些和我当时的上司一样说一些无聊笑话并要求别人强颜欢笑的人打交道，这完全是为了能够让工作顺利进行，能够形成良好的人际关系，以及使我的人生之路更为顺畅。而若是当时的我一直隐忍地留在那家公司，最终一定会像那个上司一样吧，现在想来仍令我感到心悸。

如果你身处一家公司中必须强颜欢笑，或者你对工作中的强颜欢笑深感痛苦的话，那就证明这个地方不是你的归宿。

此外，在大多数情况下，这种“强颜欢笑”不仅对工作，而且对你的个人生活特别是恋情也会产生十分恶劣的影响。绝大多数人都认为，女性喜欢与笑容满面、和蔼可亲的男士交谈，这样的男士可以给女性以好感。但是，并不是所有场合都适宜满面春风的，比如若是女性说了什么错话或是做出了什么错误的举动时，你仍旧“强颜欢笑”的话，是一定不行的。因为只有那些懦弱木讷的“老好人”

才会用无助的笑容面对他人带有攻击性的言行。

“他总是笑眯眯地听我说话，最初我对他有很好的印象。可时间长了，我却有些厌烦。我又不是什么乖孩子，老用那样的态度对待我，只会让我审美疲劳。”（26岁女性，服装业者）

这番话在一定程度上代表了女性内心的普遍想法。实际上，有时候比起“强颜欢笑”，女性更希望男士能够与其吵上一架。

也许你会恐惧，“如果说了什么不对的话，而给对方造成了伤害，不就彻底破坏了良好的气氛吗？”实际上，事情远远没有这么复杂。只要你对她怀有真挚的情感，把心里的话全都说出来的话，一定不会引起对方反感的，反而会令她觉得你是一个“能够迅速应对非常事态的头脑清楚的男人”。所以，笔者希望那些总是“强颜欢笑”的人明白，适度的针锋相对比起敷衍般的强颜欢笑，更能让相爱的两人产生亲密之感。

普通的“老好人”，无法摆脱“强颜欢笑”的状态，在隐忍中度过人生的每一天；“纯爷们儿”则早早告别“强颜欢笑”的日子，在每一天里努力活出真实的自我。

二十九
在倾力教授徒弟的过程中实现教学相长

很多“老好人”是不愿意接纳徒弟的，这倒并不是因为他们过去在人际关系上产生过问题，而不愿花工夫去培养徒弟或部下，而主要是因为他们普遍觉得“和人打交道是一件麻烦的事情”或者“给别人以指导这种事情不适合我”，除了公司强行配给他们的下属外，不愿接纳任何徒弟或晚辈。

让笔者有点儿不好意思的是，我也有曾因人际关系上的问题而不愿接纳徒弟或下属。笔者在将近30岁时从公司辞职自主创业，那时，由于笔者认为自己也还尚且青涩，所以错误地认为若是下属与我性格不合的话会更为麻烦，所以选择一个人单枪匹马地疲于奔命，实际上也是在逃避复杂的人际关系。

的确，如果不主动与人交往的话，照顾晚辈的麻烦也就没有了，与人际关系有关的压力也随之减轻。在一个人打拼的初始阶段，笔者感到十分自由。工作十分自在，业绩与年收入节节攀升。可是，随着工作量越来越大，我逐渐感到身心俱疲，在巨大的压力下，整日郁郁寡欢。这终于使我明白，如果无法接纳别人的话，无论工作或生活都不会感到幸福。于是，我重新调整自己，尽可能地在工作中结交各种各样的人，而且试着自己去发现值得信赖且性格互补的晚辈，与他们共同开展工作。自此，无论在工作上还是生活上，我都始终维持着良好的人际关系。

要知道，在这个广阔的世界上，有很多优秀的晚辈们正在等待我们去提携，等待我们提供给他们大展身手的领域。当然，这其中也会有令你恼怒的人。但是，如果从个人事业发展的角度来看，我们时刻不能离开事业伙伴的帮助，所以，面对晚辈，我们不应只注意他们的缺点和不足。

如果我们能够将自己多年来掌握的技术、学到的知识以及对人生的感悟传授给晚辈，我们的内心就永远不会有孤独之感。这是因为晚辈们会在你所传授的东西的基础上，以他们全新的世界观开拓出一片新的天地，而这片天地会成为你心灵的归宿。

教授徒弟与晚辈的另一个好处是，这可以使你也获得新的成长。在这一过程中，你会不停地思考一些问题，比如，采用什么样的教授方法，才能让他们最大限度地领会其中的真谛？怎样鼓励徒弟能让他干劲倍增？怎样批评他才能让他走上正途？设置什么样的课题能够使他拥有独当一面的能力？通过对类似问题的反复思考与实践，你在各方面也能获得锻炼与成长。

人类具有“继承·维持·传授”的本能。拥有徒弟和晚辈实际上等同于拥有具有血缘关系的子孙，从这个意义上讲，那些对人际关系矛盾的恐惧是何等的微不足道。所以，我们应该拿起勇气大力提携晚辈，而晚辈的成长也一定会带给我们客观的回报，这种回报并不单单是用金钱能够衡量的。在这样一个“播种—收获”的过程中，我们的人生将永远告别孤独感。

普通的“老好人”无法胜任“前辈”这一角色，因此不愿主动构筑“师徒关系”；“纯爷们儿”则乐于提携晚辈，并充分体味人生的丰富与充实。

三十

普通的“老好人”会成为他人负面情绪的“出气筒”

普通的“老好人”会频繁地被别人的负面情绪所感染。也就是说，当别人不对某人或某事进行抱怨的时候，“老好人”们也会身不由己地被卷入其中；**并且还会自我“宽慰”，“我的行为是要让对方感到好受”**。

有负面情绪的人，往往期望周围的“老好人”们对他的抱怨进行回应，希望听到例如“就是啊……”“的确太过分了”之类的言语，而一旦你说了这样的话，他会立即把你引为同道，“投入你的怀抱之中”。此时，你与他也就形成了一个“命运共同体”，他的负面情绪会完全将你裹挟进去。

这种片面的、歇斯底里的抱怨会令你感到身心俱疲，而有了第一次就会有第二次，喜欢抱怨的人不会“放过”

同情他的“老好人”，一有什么怨气就会找你发泄。在发泄后，他会觉得身心舒畅，而可怜的你却会再次陷入身心俱疲的怪圈之中。

实际上，普通的“老好人”犯了一个不可饶恕的错误，**他们误认为“只有自己会听对方的抱怨”，从而成为吸附污染物质的材料，并因此使自己受到损害。**

喜欢抱怨的人往往没有什么朋友，因此，愿意成为“宿主”让其“寄生”的“老好人”就要承受巨大的负担，而即便如此，“老好人”也会以“义不容辞”或者“他很可怜”为理由姑息对方。而真正可怜的恰恰是这些普通的“老好人”。所以，想要摆脱这种状态，就要勇于打断对方毫无意义的抱怨，及时转换话题，或是完全“听而不闻”，不对对方的抱怨做出反应，有时甚至可以主动教育对方“不要老在背后说别人的坏话”，等等，这样的话，对方的抱怨恶习一定会逐渐被纠正过来。所以，这种做法对双方都有好处。

有人会问，若是对方因受到“反击”而生气，彻底与我“断绝关系”的话怎么办？笔者想说的是，这不正是求之不得的事情吗？你再不会因此而困扰。

要记住，普通的“老好人”会成为被负面情绪主宰的人的“出气筒”，身心大受损害。而如果勇于“反击”，则能够使自己永远摆脱这种尴尬的境地。

普通的“老好人”会被身边的人的负面情绪所裹挟；“纯爷们儿”则会彻底地将有着负面情绪的人排除在他的人生之外。

三十一

不要用“自卑感”作为保护自己的盾牌

同样身为男人，各自对事物的感受与判断力却是完全不同的。比如，在聚会上对女性的评价就可能天差地别。

笔者曾经参加过一个聚会后只有男性参加的“评论会”，一位在聚会上颇受异性欢迎的男士对一位才认识的才貌兼备的女性首先发起了评论：

“刚才那位女士很不错吧，我对她真是一见钟情。”

但是，马上就有一个外表看来老实普通的“老好人”唱起了反调：

“什么呀，那种高傲的女人你也看得上，一看就知道她属于十分任性、不懂温柔而且容易出轨的类型，她一直就没有给我好脸色。”

受到反驳的男士有些错愕，随即冷静地反问道：

“这样来说，你不认为她是个好女人喽？”

“当然不认为。虽然从外貌、气质上看确实挺不错的，但她身上其他的负面因素却抵消了她的优点。”“老好人”回答道。

于是，我也开始对“老好人”发问：

“她到底哪里不对呢？”

这位“老好人”一边将啤酒拿在手中，一边有些恨恨地说道：

“难道你们都没看见她脸上写着‘我看不起你们’吗？”“真要是和这样的女人恋爱的话，她一定是会‘出轨’的！”“这样的女人要是训你的时候，可是不会给你留余地的。”

他的一番话让我发现，这位男士在面对各方面条件都很好的女性时，会不由自主地产生挫败感，从而对其产生过分的敌意。如果探究他过往的情史，你会发现他不仅没有和优秀的女人交往过，甚至从来就没有过优秀的异性朋友。也就是说，他的敌意完全来自于幻想，是一种对优秀女性的本能的嫌弃。

男人的自卑感是一剂极其猛烈的毒药，它会令你对异性产生莫名其妙的敌意。笔者想要说的是，在异性面前不要轻易地示弱，不要随意决定你与异性之间存在的差距。在对待异性的问题上应该保持与对待工作相同的态度，那就是确定一个较高的目标，并激励自己达成目标，而在精心计划、努力实施之后实现了目标，你的自尊心一定会得到进一步提高。

总之，最为重要的一点是不要把“自卑感”作为自己的挡箭牌，不可轻易示弱。无论是面对工作、人生还是恋爱上的问题，应该在头脑中假设问题得到解决时的场景，从而增加获得成功的可能性。

所以，若是你会因自卑感而对他人产生敌意的话，请尽量改变自己，否则你的人生就是失败的。

普通的“老好人”会被自己的自卑感左右，而对他人产生无可抑制的敌意；“纯爷们儿”则始终拥有自信，不会轻易示弱、认输。

Chapter 5

第五章

不再做“老好人”，重建个人的恋爱哲学

三十二

“纯爷们儿”绝不迁就恋人或伴侣的背叛行为

“最近可是遇到一个相当豪放的女人，虽然已经有了男友可还是勾三搭四的，连我都吃不消。”笔者已不止一次地听到“欢场老手”们类似的窃窃私语了，令我吃惊的是，有些时候我发现这些人所评价的竟然是我所认识的人的女友乃至妻子，正所谓“好事不出门，坏事传千里”，这种事情很快就会为大家所了解。

照常理来说，这些女人的男友或老公肯定难以忍受，会觉得遭受了奇耻大辱。然而当笔者的脑海中浮现出这些男人们的身影时，又会在一定程度上感到释然。因为他们对待自己的恋人或妻子所采取的一律是“老好人”的态度，当发现女方出轨时，他们总是会毫无原则地原谅对方，而这样做的结果，换来的自然是对方一次又一次地出轨。

大多数时候，**这种“老好人”会对女性采取十分信任的态度，而这种信任无非是因“不想失去对方而做出的一种妥协”罢了**。他们心里想的是，无论自己是对方的2号还是3号恋人，只要不分手就好，这种懦弱的心态既谈不上“善良”，也不是什么“宽容”。

身为男人，这样的“老好人”是绝不可做的。想要制止对方的无良行为，就必须针锋相对，直接给第三者打电话警告其别再插足，并向女方明示“绝不可再与对方联络”，如果第三者有家室，那就一定要将这段不伦之情告诉对方的妻子或恋人。只有让第三者感到恐惧、付出代价，他才会“知难而退”。与此同时，你的恋人或妻子也才能够真正受到“震撼”，而不敢再越雷池半步。

所以，做个“老好人”，对出轨的女人采取放纵的态度是绝不可取的。但有一种情况例外，那就是你打算和这种女人彻底一刀两断的时候，假意纵容对方或许能够在日后对簿公堂时为你争取一些主动。再有就是为了维护名义上的夫妻或恋人关系，而对对方的出轨行为采取“包容”的态度，然而这时男女双方之间已经毫无爱情可言了。

对恋人或伴侣的出轨行为采取针锋相对的态度，能够让你的人生避免更大的伤害。而这种态度也适合在工作中运用，比如，你的部下总是无意或故意地犯下相同的错误，你大有必要发泄一下你的“怒火”，当面直斥对方，从而让他们真正认识到自己的错误，当然，采取减薪或罚款的方法也能起到一定的作用。笔者在 20 多岁的时候就曾经采用过这样的办法，在领导团队时起到了不错的效果，要知道对于那些“欺软怕硬”的家伙来说，你必须用自己的“怒火”引导他们走上正途。

普通的“老好人”“宽容”对待恋人或伴侣的出轨行为，换来的是对方反复地出轨；“纯爷们儿”则会撕破脸面，与女方的出轨行为进行针锋相对的斗争。

三十三

男人会以貌取人，女人也一样

“对男人来说，外貌是次要的，重要的是内涵”，这句格言的确有一定的道理。因为我们也能在街上看到，相貌平平的男人携美女同行的情况。

然而，他们是有秘诀的。这个秘诀就是运用外在的“包装”使自己内在的魅力释放出来，他们具有选择适合自己的衣服和设计适合自己发型的能力。关于这一点，一个有力的证据是，我们基本看不到打扮邋遢的男人身边有美女陪伴，当然，作为同事共同完成工作除外。

男性对待女性常常“以貌取人”，女性同样如此，与某一男性初次见面时的印象会决定她们对这个男人的看法。**而与天生的容貌和身形相比，女性更加注重男性的衣着打扮及时尚与否，**并在很短的时间内作出“这样的男人不是我的菜”之类决绝的判断。

比如，一位从事金融业的27岁女性就曾对我说：“虽然我也知道男人们一天到晚总是很忙，但我仍然无法原谅那些衣着邋遢的男性。无论他的性格是多么随和，我都毫无与其约会的欲望。”请看，如果某位男性给女性留下了上述印象，恐怕他的情感之路就会惨不忍睹了。所以，我奉劝各位男士还是抽出些时间翻翻时尚杂志，拿出些闲钱买套有点儿品位的服装，若是你在这方面不舍得“出血”，这辈子注定就会在孤独中度过了。

笔者曾见过不少拼命讨好女性，整天对她们笑脸相迎，却不修边幅的男士，但他们所做的绝大多数是“无用功”，若是他们能够花同样的心思“梳妆打扮”一下，或许能够收到出人意料的效果。其实很简单，**只要完全仿照以男性读者为对象的时尚杂志中登载的模特的装束就可以了，不必追求什么名牌，只要穿起来看着像就行。**如果你一个人去挑选服装会感到不好意思的话，可以约上男性朋友一起，两个人只需半天的时间就可以把这件事搞定。而这会让你一改长期以来的“老好人”形象。

“我觉得有品位的服装会有力地表现出男士不为人知的优秀一面，从而令其个人魅力倍增。”（30岁女性，健身教练）这位女士说到了点儿上，即如果你想让别人对你产生兴趣，首先要提高你的着装品位。

“比起不修边幅的‘老好人’，那些注重外表的人反而更让人想要亲近。”如果你不相信这话，完全可以试验一下，你会发现，只要在外形上稍下功夫，女性对你的态度会有惊人的变化。

同时，在外形上的改变还有一个好处，那就是会让你对自己更有自信，从而更为积极地面对人生。而这是外在改变内在的最好例证。

普通的“老好人”信奉所谓“内涵比外在”更重要；“纯爷们儿”则坚信，良好的外在形象会让自己的内在魅力发挥到极致。

三十四

有效制造“间离感”，让恋情更为甜蜜

一位在著名广告公司工作、经验丰富的策划总监常常这样说：“在制作策划方案或进行广告发布时，最为重要的一点是要对客户的期望进行善意的‘背叛’。广告制作人员要在这一点上反复思考、锤炼作品，从而使最终的方案远远超越客户的心理预期，取得奇迹般的效果。”正是因为坚持这个理念，这家广告公司的客户才会络绎不绝，广告主们像在期待所喜爱的电影或电视节目上映一样盼望着他们推出新的策划方案。

从中可以看出，在弱肉强食的商业世界中，如果你能提供超越客户想象的创意，不仅能够赚得盆满钵满，而且也将在残酷的竞争中最终获胜。所以，“独特的创意是企业的生命”，此言不虚。

与此相反，若是企业只能给客户提供“毫无新意的想

法”，恐怕在一段时间后将难以为继。

创意的重要性不仅局限于商业，而且体现在社会的各个领域之中。比如，在恋爱方面，如果一个男性能够做到经常说一些“出人意料的话”，找到一些“不同寻常的乐子”，安排一些“不同凡响的约会”，赠送一些“令人惊喜的礼物”的话，一定能够赢得异性的芳心，这样的男人也会很有女人缘。

相反地，若是一个男人的思想平庸，完全能够让人想到其下一步的言行，无论如何都不会受到异性的青睐，最终只能换来“也就算是个‘老好人’吧，整个人普通得不能再普通了，让人没什么感觉”的评语。所以，就算你是一个品行端正的人，如果不受异性欢迎，那么在她们看来你就是索然无味的家伙。

很多人相信，在恋爱方面，如果男性能够有意制造出一种“间离感”，往往能够占据主动。这种所谓的“间离感”实际上与“善意地背叛客户”异曲同工，想要做到这一点，首先要对自己有一个明确的定位，即在生活的舞台上你到底属于哪一种“角色”，是认真方正型，还是活泼多变型，抑或是外冷内热型，等等，在此基础之上，尽可能地在与异性相处时，试着使自己的言行偏离自己一贯的“角色”，从而让她们对你产生以下的感觉：

“这人看似有些轻浮，但实际上却恭谨有礼。”

“这人平常很严肃，但在聚会时却是大家的开心果。”

“这人很注意形象，但又十分能搞笑。”

“本以为他只是个幽默的人，没想到原来也能严肃起来。”

“平常看起来他总是漫不经心的，但却十分守时。”

这会令你在与异性约会时取得意想不到的效果。

我想，每个男人都想在异性眼中成为“充满个性的有趣的人”，而不想被当作普通的“老好人”吧，这样的话，就请赶紧按照笔者的建议去试着做做吧。

普通的“老好人”，其一举一动都在别人的掌控之中；“纯爷们儿”将创意视为头等重要的事情，努力做到“善意地背叛”。

三十五

仅靠金钱，是无法俘获佳人芳心的

请自己心仪的女性吃饭时，男人往往会陷入“大讲排场”的误区。普通的“老好人”们往往会面带笑容地把菜单递给女士，大方地说：“请随便点你喜欢的菜和你钟意的品牌的红酒。”然而，他们的内心却是忐忑不安的，所以其脸上展现的笑容看起来更像是痉挛一般。

而在约会之后，这些“老好人”照例会从女士那里收到这样一条短信：“非常感谢你请我吃饭。”而若是他们回复“想与你再次见面”或是“可以给你打电话吗”之后，则不会收到对方的任何回音。很快，月底到了，在看到自己信用卡的账单时，这些“老好人”会觉得自己成了“冤大头”，进而十分失落。当然，若只是感到十分失落还算好的，更有甚者可能会抱怨，“那个女人纯粹就是骗我钱嘛”，或者“把自己的血汗钱白白扔掉了”，产生“受害妄想症”的某些症状，而实际上，这些普通的“老好人”们就是花钱讲排场的“受害妄想症”患者。

“老好人”们的另一个表现是，当女士指着菜单上的高级红酒问他们：“我想点这个可以吗？”他们会使尽全力压抑着自己，暗抹冷汗回答道：“没问题。”在这种场合下，“老好人”本是不想讲排场的，但他们的行为却让异性产生“这个人可能很有钱”的错觉。而若是想避免这种情况，男士应该主动回答：“这个可不行，点其他的没问题。”

这里，让我们再听听女性的意见，“我觉得对方能够邀请我到味道不错的餐厅吃饭我就已经很高兴了。毕竟我们是在约会，而不是单纯为了吃饭。但如果对方想要利用吃饭显示他的某些‘优点’，我会感到这顿饭吃得过于刻意，产生不好的感觉”。（29 岁女性，金融业者）

还有女性认为：“我觉得对方请我到普通的小店吃饭就可以了，无须追求什么高级饭店。只要对方是我所喜欢的类型，我会觉得，他会在今后不断努力，从而带我去更好的饭店的。”（30 岁女性，旅游业者）

所以，**“纯爷们儿”对恋爱的投资是十分精明且适当的，他们不会做毫无必要的“出血”。**

比如，在约会时，他们会选择环境很好但价格适当的餐厅，这绝非小气。由于“纯爷们儿”总是颇受女性青睐，因而与人约会的机会较多，这就要求他们要“分散投资”。如果自己并非什么“富二代”，那就要量力而行，避免不必要的投资。只要不是具有决定意义的重要约会，或者与妻子之间的重要纪念日，也就没有必要让对方点什么高级红酒，喝什么由自己决定就可以。而在结账时，当女士说要 AA 制，“纯爷们儿”则会回答“下次你来请我吧”，从而无论是在金钱的花费上还是恋情的后续发展上就都占据了主动。请各位谨记，自己的钱只有那么多，而且不可能全部用于与女性约会，千万不要再做挥金如土、硬撑场面的“老好人”了。

普通的“老好人”为了恋爱，总是不假思索地将所有的钱都花在一个异性身上；“纯爷们儿”则讲究“分散投资”，而且会让女性因“金钱之外的原因”而喜欢上他。

三十六

“纯爷们儿”身边总有多个女性围绕的原因

普通的“老好人”总是无法直接对自己心仪的女性表达爱意，而整日沉浸在“这样的女人要是能做我的女朋友该有多好呀”的美梦之中，关于这方面的一个有力证据是，在“追星族”“歌迷会”这样的群体中，“老好人”占了很高的比例，他们都想将众人眼中的“尤物”据为己有。

然而，如果有女性和这样的男人谈恋爱，很快就能发现，他们除了“诚意”之外乏善可陈。也就是说，他们愿意全身心地投入恋情之中，仅此而已。可“诚意”并非有形的东西，在一段时间之后，女性会对此渐渐失去兴趣。而若是不顾别人感受地想依靠自己的“诚意”强行征服异性，就更会让女性感到不堪。这种感觉就像一个令人厌恶的推销员非要把消费者不需要的商品推销出去一样，让人感觉无比厌烦。

那么，如何避免成为这样的人呢？笔者建议可以试试以下这个方法。假设你是一个没有女人缘的男人，也就是所谓的“老好人”，在你喜欢上一个女人的同时，请找到另外 2 ~ 3 个爱慕的对象。简单来说，就是要抛弃一开始就对对方忠贞不渝、从一而终的想法，从而同时给自己及中意的对象解除压力。当然，要做得适度，绝不能因此而变成脚踏两只船的“薄情男”。

做出这种“博爱”的假象后，恋情就会发生变化。女性会觉得“这样一个没有异性缘的男人，怎么在恋爱上会有那么多选择呢”？从而对你产生进一步了解的兴趣，而你也能够比较容易地与她约会了。如果顺利的话，她会逐渐对你敞开心扉，最终接纳你的爱意。

实际上，许多“魅力男”经常采用上述方法。“纯爷们儿”都会有不少“红颜知己”或是“候补恋人”的，他们身边的女性都想与其展开恋情，将其“据为己有”，只有那些没有自信的女性，才会坐视机会从身边溜走。

所以，如果想要恋情进展顺利，请大胆采用这个方法。

普通的“老好人”对待恋情只有“诚意”而不讲策略，最终会让女性远离他；“纯爷们儿”则善于在恋情中引入“竞争者”，从而有效吸引异性的注意。

三十七

正确面对分手的方法

当女朋友提出分手时，普通的“老好人”大多数都会一边说着“为什么要这样对我？请不要离开我，没有你我活不下去！”，一边像孩子一样哭泣。

事实上，类似“请不要离开我”之类的话，说个一两次可能对女方还有效，因为如果不说的话，会让女方觉得你并不想挽回这段恋情，所以，如果你想试探对方是否真的想要分手，可以用恳求的态度将“请不要离开我”说上一两次。

但是，若是女友明确对你说“不”之后，再次重复“请不要离开我”，就会让她瞧不起你了。所以，如果真的想挽回对方，就不要将“请不要离开我”说3遍以上。真要将这句话重复9遍、10遍以上的话，你们的恋情就会当场玩完。因为这会让女朋友觉得你是一个“纠缠不休的家伙”、一个“毫无男性气概的人”，这会令她铁了心想要离开你。

而真正的“纯爷们儿”永远不会这样，当女朋友提出分手时，他们会回答道：“那就保持一定的距离，让你我都冷静一下吧。”不同的表达方式会产生截然不同的效果。即便在说出这句话时，“纯爷们儿”也会感到心痛，但却保全了男人的面子。

对于男人来说，面子是十分重要的。它决定着男人对自身的认识，而对自身的认识又体现在男人日常的一言一行之上，所以，在面子问题上绝不能有丝毫的含糊。

那么，在说完这句话后，“纯爷们儿”都会做些什么呢？答案是忘情地工作、尽享友情的珍贵、在聚会上尽情玩乐等，在此前没有女友的生活中你所做的事情都可以重复来做。这实际上是在为真正分手做准备，由于最终的结果还没有到来，所以无论结果怎样，你都能够从容应对。更为重要的是，你这样游刃有余的表现可能会让女友回心转意。在恋爱这件事上，游刃有余是最为重要的一条法则。也许你在说出“那就保持一段距离”时心里想的是“啊，我怎么说出这样的话，我不想与她分开”。但你一定要忍耐，在忍耐的过程中，你的女友也许就会开始反思，并逐渐改变对你的看法，开始对你产生思念，主动拉近她与你之间的距离，进而提出与你“破镜重圆”。这时，你要以男人宽广的胸怀接纳对方的回归，因为若是屡次被拒绝的话，你的女友会因此而对你们的恋情绝望的。而在保持距离一段时间之后，你的女友并未提出“重修旧好”的要求，那就主动打电话给她，要是她不接的话，就宣告你们的恋情“寿终正寝”。

这样结束恋情的方式不仅不会伤害你的自尊心，而且会给予你展开下一段美好恋情的勇气。

普通的“老好人”，在恋情告急之际只知无助哭泣；“纯爷们儿”在上一段恋情结束之时，仍保有投入新恋情的自信与自尊。

三十八

23 点到次日凌晨 1 点
打电话是恋情成功的关键

每晚 23 点到次日凌晨 1 点，女性最易沉浸在自己的世界之中。无论白天遇到过怎样令人心烦的事情，在这段时间里，她都会将它们抛在脑后，而完全堕入对幸福恋情的想象之中。可以说，这个时间段，是女性专属的恋爱准备期。

一个有力的证据是，**互联网上恋爱类的读物的点击量主要集中在这个时段**。所以，各位男士如果想追求心爱的女性，那就试着在这个时间段给她打电话吧。

但是，那些过于认真且木讷的男士对以上建议却会表示反对，他们会说：

“那么晚了还给人家打电话不是给人添麻烦？”

“如果这样做的话，会让人觉得我不懂礼节，从而讨厌我的……”

“我觉得这个时间她是不会接我电话的。”

的确，这些男人都是“颇识大体”的“老好人”，有这样“想法太多”的男人30岁的比20岁的多，40岁的又比30岁的多，总之，随着年龄的增长男人很容易变成这样。

然而，真正懂得女性的男人，一定会抓住23点到次日凌晨1点的黄金时间拨打电话，享受两情相悦的美好时光。

若是对方因工作的原因需要提早就寝，那就大方地与她确认，并约好给她打电话的时间，这样既不会因电话太突然而惊扰对方，拨打的一方也会很轻松。

在恋爱和约会异性方面屡屡失败的“老好人”才会经常抱怨自己“不擅长电话传情”，以及“电话接通后不知聊些什么好”。实际上，这是因为他们根本就没有用电话与对方交谈的想法，而想要纠正这种想法也并不复杂，那就是努力培养打电话的习惯。这与我们平常健身以增加肌肉的道理是一样的，只要不断练习，肌肉是一定能够长成的。

当然，开始练习的时候总是不会那么冷静的。所以，“老好人”们首先要努力控制住自己颤抖的手以拿住电话听筒，然后才是拨打电话。可以试着在心中给自己加油鼓劲儿，最初可以将“通话时长 5 分钟”作为目标，此后视情况逐渐增加时间。

笔者觉得电话是恋人之间超越物理距离互诉衷肠的最好的工具，不仅比约会经济，而且确实能拉近两人心灵之间的距离。因此，在经济拮据的时候或是疲劳不想动的时候，电话的作用就凸显了出来。基于以上种种原因，从今天开始，你最好不要再做“不会在晚上 23 点以后打电话的男人”。

普通的“老好人”，对电话有巨大的恐惧感，从而与恋情擦肩而过；“纯爷们儿”则擅长电话约会，从而令双方心心相印。

三十九

“纯爷们儿”在追求异性时会让对方感到愉快与欣喜

任何男性在追求自己心仪的女性的过程中，总是会拼尽全力的，若是不这样的话，估计也难以获得美人芳心。在恋爱之初，向对方表白心迹时，这种尽心竭力的行为是不可或缺的，但如果这种强烈的“献身精神”没有得到对方同样热烈的回应的话，那就一定要“见好就收”。不这样的话，你就会被女方打上“老好人”的标签，乃至被她认为你是一个纠缠不休的男人。所以，对异性的奉献也要有合理的限度，否则就会给对方造成困扰。有位女性朋友就曾对我说：“和我交往的那位的确是个老好人，但我却感觉挺害怕他的。从他的言行之中，我总觉得他像是一个纠缠不休的人，而且在结婚之后，他肯定不会让我继续工作，只是在家烤好蛋糕后等他回来。”

所以，**过度的献身精神会让女性觉得自己未来将被束缚，反而对你产生警觉。**那么，如果你在竭尽所能之后，从对方的言语或表情中看到了喜悦，那又该如何呢？笔者建议应该先做“冷处理”，也就是在此后的 10 ~ 20 天内不要主动与女方联系。如果对方真的对你有意，她一定会主动与你联系，所以这段“空白期”是十分重要的。因为，只有给女性以时间，她们才能在内心确认对你的依恋之情，而若是追逼太紧，她们是无法确认是否真心喜欢你。

在追求异性时最好的方法是有张有弛，既要全身心地真诚对待对方，又要给予对方以足够的空间，从而让她对你产生依恋之感，若对方没有这种感觉，则说明她还没有真正喜欢上你。这种张弛有度的方法才是恋爱的真谛。有女性就曾这样说：“男人对我真诚虽然不错，但如果一味奉献的话，反而会让我感到有些难以承受，甚至会觉得对方只顾自己的感受，不留给我思考和倾诉的空间。”（27 岁女性，服装业者）

因此，如果你能保持清醒的头脑，对自己的行为有所节制，多多注意对方的感受的话，在追求异性方面是一定不会只获得一个“老好人”的评价的。

普通的“老好人”在追求异性时只知一味奉献，反而使两人之间的关系疏远；“纯爷们儿”则张弛有度，在追求的过程中让女方感到愉快与欣喜。

四十

高山上的鲜花容易凋谢的原因是什么？

在派对之中，我常常遇到这样的人，他们只会追求看起来十分“安全”的女性，对他们来说，外表更为靓丽、气质更为出众的女性如同“高山上的鲜花”，是可望而不可即的。

本来他们可以在爱情的“战场”上追逐条件更优秀的异性，但出于“害怕受伤”的理由，他们选择了安全边际较高的恋爱对象。以局外人的立场来看，这无疑是一出悲剧，这样的男人的自我认同感会因其恋爱观而逐渐降低，进而失去自信与自尊。他们从一开始就把自己的定位定得很低，最终只得选择并不适合自己的异性为伴侣。而这样做的恶果是，他无法令女友或妻子融入自己的人际关系圈，周围的人也会对他的选择感到不解或疑惑，长此以往，他与女友或妻子肯定会产生矛盾，进而分手。而这会令他进一步颓唐自问：“我竟然会被这样的女人甩了？”自尊与自信更加无从谈起。

实际上，男人过于追求安全，反而失去了其与生俱来的“雄性风范”，这样的态度会令他们失去活泼的表情和闪烁的目光，仿佛考试不及格时的表现。而在男人想要接受挑战、攻克难关的时候，他们才会跃跃欲试、目光炯炯。对工作、学习如此，对待爱情也是如此。

再举一个具有典型性的例子，我的一位朋友论年龄已经迈入“大叔”的行列，谈吐无趣，学历不高且并非富翁。若是参加相亲活动的话，这样的人恐怕会令异性觉得难以忍受。然而，这样的人却偏偏在聚会时主动出击追求那些无论外貌与背景都十分不俗的异性，因此，很多人都认为他不自量力。然而，令人没有想到的是，在那些宛如“高山上的鲜花”一般高傲的女性看来，这样的男人显现出正直与忠贞的一面，比起那些巧舌如簧、身价不菲的花花公子来说，反而在感情上不会伤害她们。最终，我的这位朋友得偿所愿，娶到了漂亮的太太。与此同时，他在别人眼中的形象也得到了极大的提升，大家都以他为榜样，并努力探寻究竟他在恋爱方面有着怎样的秘诀。

真实的例子是最具说服力的。我奉劝各位读者，身为男人就要勇于挑战，毫无顾忌地去追求那些看似“高高在上”的异性，勇敢地向她们表白，其实这世界上有许多貌似“高山上的鲜花”、但却信奉平淡是真的好女孩儿，所以，在爱情之路上，不要给自己随意划定界限。

普通的“老好人”在恋爱时只会选择看似“安全”的异性，即便这样，他们仍然无法逃脱失败的命运；“纯爷们儿”却勇于挑战“高山上的鲜花”，并最终得偿所愿。

四十一

“纯爷们儿”会很大方地坐在异性身旁

在异性面前过于彬彬有礼的男人，有时却会招致对方的厌烦。他们恭敬有礼，但却会被异性讥讽“太谨小慎微了，实在令人不舒服”或是“这种‘老好人’的嘴脸让我难以接受”，等等。这一类男人在行为上有一个共同之处，就是不敢坐在异性的旁边，而总是像面试一样坐在女性的对面，小心翼翼地与她们保持着距离，最终却落下没有男人味的坏名声。

下面，我想向有类似经历的男性传授一个方法，请严格按照下面的顺序做。先做一下深呼吸，同时顺势坐到女性的身旁。重点在于集中精力做深呼吸，这能有效地缓和你的紧张情绪。此外，动作要果断，不可犹豫，如果过多关注对方的感受的话是不行的，最好的办法是把视线集中在远方的一个点上，然后一鼓作气地坐下去。

按照这个方法实行，情况就会发生改变。**坐在异性的身旁，你们之间的谈话就会变得轻松一些，放弃谨小慎微的姿态，你与她便不会被尴尬、僵硬的氛围所困扰。**

在这个距离上，你与她交谈不会很费力气，因为女性在与异性近距离接触时，天生地会有些害羞，为了掩饰对你的戒备，她们会主动寻找话题转移注意力，所以在这个距离上你只需做一个倾听者。

如果你能比较好地掌握上述方法，你将成为一个能够与异性自如地相处、充满男人味的“纯爷们儿”。

要知道，在与女性相处时，你的敌人既不是那些看似高不可攀的美女，也不是那些吸引女性的帅哥，而是你内在的自卑感与外在的木讷言行。而只要你想要克服，就一定能够改变自己，进而改变自己的未来。

普通的“老好人”无论何时都只会选择坐在女性的对面；“纯爷们儿”则总是会毫无顾忌地坐在女性身旁。

Chapter 6

第六章

“纯爷们儿”享受生活的方式丰富而有趣

四十二

着装打扮代表着礼仪与教养

对于工作繁忙的人来说，着装打扮可是个“重体力劳动”——要阅读时尚杂志，寻找距离较近的服饰店，怀着紧张的心情进入店内，还需一件件试穿，反复比较之后才能结账。然而这还不算完，根据季节的不同，还要换装。此外，流行趋势的多变也决定了你不可能一次就把今后两三年的衣服买够。

所以，普通的“老好人”会以“太麻烦”“我不适合穿那样的衣服，还是随便些好”“我不想这么费心打扮自己”“没那么多钱买衣服”“没时间买衣服”“不知道在哪里买适合自己的衣服”等种种理由拒绝在着装打扮上下功夫。而这种态度最终只会换来别人“是个‘老好人’，可太过邋遢了”的评价。

“他的性格很温和，人品也挺好，就是穿着没有品位，显得邋里邋遢的，所以实在不想邀请他参加聚会。”没有人会当着你的面这样评价你，但你却的确会因着装的问题而被众人孤立。这看起来十分残酷，但却的的确确每天都在发生。

懂得个中“潜规则”的“纯爷们儿”是绝不会在穿着打扮的问题上寻找一大堆理由的。

比起服装给你带来的好处，在购买服装上花费的精力与金钱只是极小的投资罢了，买上一身品质很好的服装不过只需四五万日元而已。至于搭配方式，只需按照时尚杂志上的样子模仿即可。“纯爷们儿”深谙此道，并且因此获得内心的满足感，进而把重视着装打扮作为一种习惯。

因此，即使你觉得笔者所说的是错误的，也不妨尝试一下，翻一翻时尚杂志，然后购置一身与以往不同的新衣服，站在镜前的一瞬间，你一定会体会到人生发生巨大变化的感觉。

只需几个小时和几万日元，你的人生就发生了改变。你会发现，想和你做朋友、谈恋爱以及开展业务的人多了许多。也许一开始不会那么明显，但坚持一年之后，你就会不由自主地感叹，改变着装方式竟然会使身边的人们对你如此青睐有加，到那时，你也就再也不会怀疑笔者的观点了。

普通的“老好人”会以“不适合自己”为由拒绝在着装打扮上下功夫;“纯爷们儿”则将着装打扮视为礼仪与教养。

四十三

错过末班电车，你会怎么办?

身处离家几十公里之外的市中心，却错过了末班电车，你会怎么办？以何种方式度过这个夜晚将反映出你是哪一类的男人。其实，到第二天早晨为止，这段时间也不过只有区区 5 个小时而已。

可以选择的方式有很多种，可以在气氛舒适的酒吧把酒言欢，可以在 KTV 中一展歌喉，可以在计时酒店里酣睡，也可以去夜店狂舞一番。

如今的夜店有很多种，既包括播放经典或最新曲目，以供人们跳探戈、伦巴等交谊舞的舞厅，也有专门面向音乐爱好者的迪吧。在这样的夜店中，你可以完全陶醉在优美的音乐中尽情释放自我。此外，还有不需要门票，只需在入场后购买饮品的夜店，在这一类型的夜店内，你可以和众多外国朋友一起舞蹈，度过宛如节日般的狂欢时光。

还有一类夜店被称为“艳遇之地”，在这样的夜店中你尽可以自由地与异性搭讪或被异性搭讪，幸运的话则可以“抱得美人归”。总之，既有适合十几岁到二十几岁的学生的夜店，也有适合20岁到30岁的青年的夜店，还有适合30岁以上中年人的夜店。如果你拿不准自己应去哪种夜店的话，可以在去之前打电话咨询一下，这样会让你玩得更加尽兴。

如何选择适合自己的夜店，并让自己与朋友乐在其中，这是需要长期的经验的，绝非一蹴而就的事情。而这又体现着一个男人应有的风度。要知道，**风度并非只体现在付账埋单的时候，精通娱乐之道也是一个男人成熟的标志。**

想要做到这一点，平时就要多多尝试，不要以“这样的夜店不适合我”为由扼杀自己的好奇心。事实上，这并非只是为了玩乐。只有不断地尝试新鲜事物，我们的人生才会有更多新的发现，也才会更加丰富多彩，而身为男人应有的魅力与敏锐的感觉也会在这一过程中得到培养与锻炼。

普通的“老好人”不会主动涉足全新的娱乐场所；“纯爷们儿”则会将体验全新、刺激的娱乐感觉视为另一种留学经历。

四十四
“纯爷们儿”不会借酒撒疯

普通的“老好人”往往会在酒精的作用下暴露自己的双重人格，并且深受其害，笔者对这样的情况可谓屡见不鲜。

笔者有一位表面上看起来性格开朗、待人宽厚、头脑灵活的朋友，虽并非完人，有些缺乏自信，但因能善待他人，而被人们所喜爱。然而在私下里，由于他屡次面对人生的挑战时失败，自己的远大理想不断落空，因此内心积累了不少怨气。他喜欢饮酒，一次喝醉之后，强烈的“挫败感”与“自尊心”被唤醒，开始怨天尤人，借着酒劲儿用十分恶毒的话语中伤他人，实际上是“借他人之酒杯，浇自己之块垒”。

他的这种行为彻底地毁坏了别人对他的良好印象，众人觉得他“表面上看起来是个老好人，却喜欢借酒撒疯，真是有双重人格”“酒后说的话太过伤人了，他的心理真是阴暗”。此后，他的同事们觉得他不值得做朋友，也不再邀请他参加聚会，这个男人由此彻底失去了他人的信任。

以上是一个普通的“老好人”的人生因酒后撒疯而彻底沉沦的例子。**以醉酒为借口宣泄长期压抑的情感这实际上是件十分悲哀的事情**。更为可悲的是，宿醉醒来，你往往不记得前一天晚上发生了什么，因此不会及时地向受到伤害的对象解释或道歉，因此自然就会被人们诟病。

“纯爷们儿”在这方面则显示出清醒的头脑和强大的毅力，他们即便在微醺之时，也能靠理性来约束自己的言行。他们知道自己喝什么样的酒容易醉，而且知道在何种场合要“以茶代酒”，从而避免造成麻烦。如果你能做到这些，那么你的人生就永远不会因酒而陷入沉沦。

普通的“老好人”因为平日屡受压抑，常常借酒撒疯；“纯爷们儿”却能够把持自己，不会因醉酒而失态。

四十五

婚宴负责人的经历会让你成熟起来

做朋友婚宴的负责人，不仅能够磨炼自己的意志，而且可以增添个人的智慧，很多人会对此表示怀疑，但这的确是事实。笔者就曾有过多次类似的经历，并且至今还对自己在其中获得的成长经验记忆犹新。所以，我也希望各位读者能够努力尝试一下。

想要做好婚宴的负责人甚至比日常的工作还要有难度。由于会有各种无法预料的突发情况，一旦出现问题，身为负责人的你马上就会成为“众矢之的”，因此如果不是全身心投入的话，你是无法胜任负责人的身份的。所以，组织好一场婚宴更像是做一次无私的奉献，而在婚宴圆满结束之后，你会发现你的人生会发生十分有益的变化，而这就是你所获得的“报酬”——**超越利害关系的牢固的友情和无私的奉献精神**。此外，组织公司的大型公关活动对你来说也不再是难事，在不经意间，你会发现你就此拥有了在人前演讲的自信。当然，最大的财富是来自新郎新娘的真诚的谢意，由于你的个人价值得到了承认，你会因此而感到极大的满足感。所以，成功地组织一场婚宴会令你受益良多。

但是那些“优柔寡断”的“老好人”们，却对婚宴负责人这一工作唯恐避之不及。因为他们既无法订立行之有效的计划，也不会处理突发事件。另外，由于这项工作需要极强的组织能力，因此，新人们也不会选择那些不可靠的“老好人”。

若是你属于不被人信任的“老好人”，笔者建议你抓住机会首先试着做做婚宴负责人的助手。或许你会觉得十分不习惯，且压力很大，但是在协助别人组织婚宴的过程中，不知不觉间，你会逐渐掌握如何恰当地待人接物，以及一切为他人着想的思维方式和礼貌的用语习惯。

因此，如果你自认为人缘不错且朋友不少，但却一直没有做过朋友婚宴的负责人，那就要多加小心了，你可能正在成为朋友眼中“不值得信赖的‘老好人’”。或许你也应检讨一下自己是否一直以工作繁忙为理由拒绝朋友的邀约，而给人留下重利轻义的不良印象。

而对于总是被朋友委以婚宴负责人重任的人来说，他们也许同样会有烦恼，“为什么总是我？是不是因为我太好说话了？这样下去会不会影响正常工作呢？”但对于这种烦恼，笔者倒是觉得有些多余，因为能够被别人委以重任是对一个人人生价值的最好肯定，具有这样的能力与价值，你的职场之路自然会一帆风顺。

普通的“老好人”只会以宾客的身份参加朋友的婚宴；“纯爷们儿”则会无私地接受婚宴负责人的重任，并在这一过程中使自己得到历练。

四十六

被拒绝就与对方形同陌路，你的人生会是失败的

在向喜欢的异性表白后，却被对方拒绝，那么今后你将如何面对这位异性呢，是把她从朋友的“列表”中剔除，从此再也不联络了呢？还是即便做不成恋人也能够继续与对方做朋友、同事呢？做出不同的选择，你的恋爱之路会通向完全不同的方向。选择前者的话，你的人生之路会显得有些危险，若是对方十分讨厌你的话自可另当别论，但若并非如此，你的这种彻底“屏蔽”对方的行为，会被人认为是懦弱、卑劣的行为。而普通的“老好人”却往往会做出这样的选择，特别是那些“多愁善感”的“老好人”更是如此，他们大多会觉得，**被别人拒绝是十分尴尬的事情，因此无法再给对方打电话或发邮件，然而实际上，尴尬与否完全出自他们自己的想象。**

被异性拒绝并非与对方发生冲突，只不过是对方的心中并没有和你一样产生叫作“爱情”的化学变化罢了，仅仅因为这个原因就彻底地“屏蔽”对方，实在是有些说不过去吧。事实上，很多恋情都是以同事、朋友或熟人等人际关系为“土壤”而“开花结果”的，**就算爱情之花并未绽放，我们也完全没有必要把它赖以生存的土壤破坏掉。**所以，在被喜欢的异性拒绝之后，仍能够对对方笑脸相迎的男人才是真正成熟的男人。

此外，“屏蔽”对方也是一种损人不利己的行为。头脑清醒的“纯爷们儿”绝不会行此下策，反而会将其视为一个契机，寻找恋爱之路上的新的可能。他们会努力和拒绝自己的异性成为无话不谈的知己，逐渐认识她们身边的好友，从而借此找寻到自己的真爱。当然，还有一种可能是，通过彼此间进一步的了解，曾经拒绝过“纯爷们儿”的异性会发现他们身上的可爱之处，最终坠入爱河。

失恋当然是一件令人心痛的事情，但是如果你能在被异性拒绝时充满勇气地对她说，“那就让我们成为无话不谈的朋友吧”，反而能够让失恋的经历对你今后的人生之路产生诸多的益处。

普通的“老好人”在被异性拒绝之后，马上会彻底地“屏蔽”对方；“纯爷们儿”在被异性拒绝之后，则会努力成为对方最好的朋友。

四十七

“纯爷们儿”的花钱方式

通常情况下，富人比穷人更受女性欢迎，这恐怕是不争的事实。但是，很多受到女性青睐的男人却觉得，那种“有钱就一定要请女性吃饭，这样才能受到欢迎”的想法是错误的，而从实际来看，情况确乎如此。

笔者认识一位40岁的男性，他就曾开诚布公地说：“其实女性并不向往奢华，只要感觉对了，她就会喜欢上你。”不容否认的是，他是一个颇受女性欢迎的男人，每月都会有好几个25岁以下的美女和他展开约会，而且在居酒屋里小酌时都是采用“AA制”的方式。他只要在夜店或咖啡馆里与异性搭讪，几乎可以随时与异性确立恋爱关系，在朋友眼中，他是拥有魔术或催眠术般高超手段的“恋爱达人”。在初见他时，你会觉得他或许是个富翁，但实际上，这人的兜里通常只揣着3000～4000日元，是用于支付酒钱的。

事实上，大多数女性都认为“恋爱无须那么奢侈”，经济独立的现代都市女性更是如此，“我喜欢的人，就算是不出钱请我吃饭，我也会十分高兴地与他约会，‘AA 制’也没有关系”。（29 岁，策划编辑）

若是探寻其中的缘由，笔者觉得一个重要的原因是，**单纯依靠金钱的男人会让女性感到他是一个毫无自信和勇气、只会依靠物质手段购买恋情的中年大叔。**年轻的女性在成长的过程中，大多曾被有钱的大叔们搭讪并邀请吃饭，因而她们普遍对这种行为十分反感。而我的那位表现坦荡，身上没有铜臭味的朋友却恰恰符合了她们的愿望。

当然，那种认为“年龄比我大却不肯为我花钱的男人是不懂礼貌的”的女人也的确存在，但笔者觉得，若是你的收入不足以满足她的欲望的话，对这样的女人还是回避为妙。因为对于这样的女人来说，物质条件是第一位的，她认为你经常为她大把大把地花钱是理所应当的事情，而一旦某一次你没能满足她的需求，马上会被她骂“真是小气”。

男人没必要做女人的“提款机”，没有那么多的钱就不要做硬充门面的“老好人”。那些不以你钱包的厚薄而确定恋情的深浅的女性才是能够和你同甘共苦的伴侣，因为只有知道赚钱的辛苦，人才有勇气面对和享受不那么富裕的日子。

此外，更为悲剧的情况是，有人花大钱请异性吃饭以讨她欢心，反而无法给对方留下深刻的印象，甚至让人家觉得他是一个“心怀叵测”的男人。你真的想做一个如此“冤大头”的“老好人”吗？

虽然总是不愿花钱的男人会被异性觉得小气，但笔者仍然要说，“有钱要使在刀刃上”。在她的生日或对你们来说具有重要意义的日子里，适当地运用金钱起到传情达意的效果，才是有意义的。只有把钱花在该花的地方，我们的人生之路才会顺利。

普通的“老好人”，单纯依靠金钱获取女性芳心，却往往适得其反；“纯爷们儿”不用花钱照样能博得异性青睐。

四十八

分清“玩乐的恋爱”和“真挚的恋情”

普通的“老好人”自然不会“游戏人生”，也正因此，他们会把玩乐般的恋情当真，甚至因此而放弃了自己的真爱。

关于这一点，笔者想告诉各位一个充满戏剧性的真实的事情。有一个平时一贯认真、不苟言笑的男人，在一次派对上，也许是酒精的作用，他竟然一反常态地与一个喝醉了的女人来了一次长吻，在场的人都觉得很有意思，纷纷猜测这个“老古板”是否就此开始改变自己的形象了。然而，这个男人却出人意料地在此时作出决定，放弃了已经谈婚论嫁的女友而和这个喝醉的女人交往。我在听到他作出这个决定时第一反应就是“这太危险了”，后来果不其然，一个多月后，他就被那个女人甩了。

如果这个男人不做所谓的“老好人”的话，他一定不会因自己的一次意外举动就放弃了自己未来的妻子。绝大多数人都明白，在派对这种场合认识的女性适合逢场作戏，而并非终生托付的对象。但这个身为“老好人”的男人却因自己的真诚与正直而被卷入到一场悲剧之中。

实际上，对于在派对上能和刚认识的男人长吻的女性来说，她也不会将与她接吻的男人当作真心交往的对象，只不过是玩玩而已。玩乐般的恋情总是需要一个由头的，而在派对上的长吻就是由头。那位女士能做出这样的举动本来就是想向周围的人表示自己的态度并不是认真的，而对方若是抱着真诚的态度的话，反而会令她感到十分为难。

在“老好人”的头脑中，是不存在“玩乐的恋爱”和“真挚的恋情”的分别的。如果亲吻异性的话，他一定是真心的，可以说这样的人始终怀有一种“怀春少女”般的单纯、无知的恋爱观，但这却会使爱人最终离开他，在感情之路上“竹篮打水一场空”。

普通的“老好人”，没有“玩乐的恋爱”的概念；“纯爷们儿”则将“玩乐的恋爱”与“真挚的恋情”区分得清清楚楚。

“即刻改变”效率手册

你想要的娱乐：

你向往的职业：

在职场中打拼所掌握的真正的工作经验与技能：

经验

技能

你敢“反唇相讥”或者说“不”了吗?

你尝试了什么新的地方，或者以往拒绝尝试的“新事物”?

你给老板或者上司提的建议（尝试着心平气和地、勇敢地说出来）：

你开始“沉默是金”了吗？

你开始明确表达自己的好恶了吗?

你开始拒绝别人的无理请求了吗?

你开始对无意义的聚会说“不”了吗?

你开始借他人之力完成工作了吗?

你在会议上，敢于向“跑题现象”宣战了吗？

你适当地尝试“不务正业”了吗？

你开始尝试“不知天高地厚”了吗?

开始言简意赅地表达:

把“不做也行的事情”进行到底

能唤起你热情的工作

结交公司外的新朋友

你想要做的事情 + 践行计划：

1.

2.

3.